Paris
1875

Chevalier, Ulysse (éd.)

Diplomatique de Bourgogne, par Pierre de Rivaz. Analyses et pièces inédites

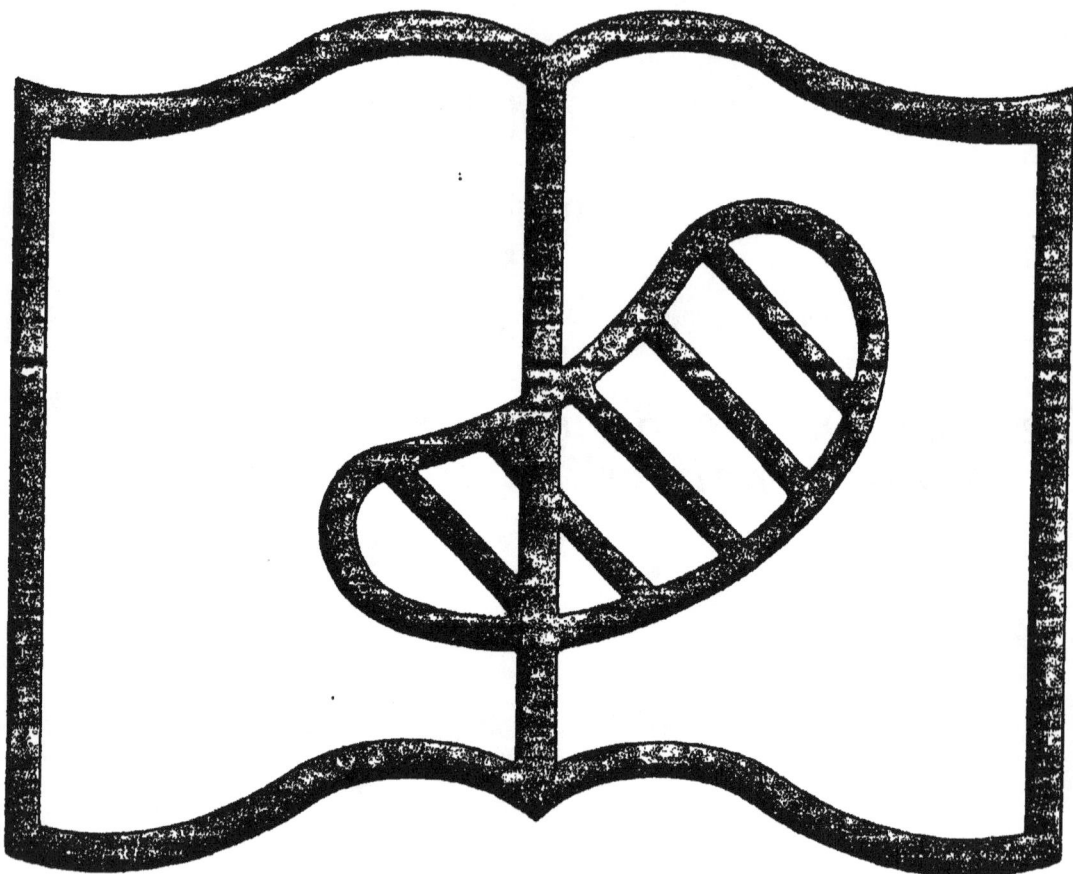

Symbole applicable
pour tout, ou partie
des documents microfilmés

Original illisible

NF Z 43-120-10

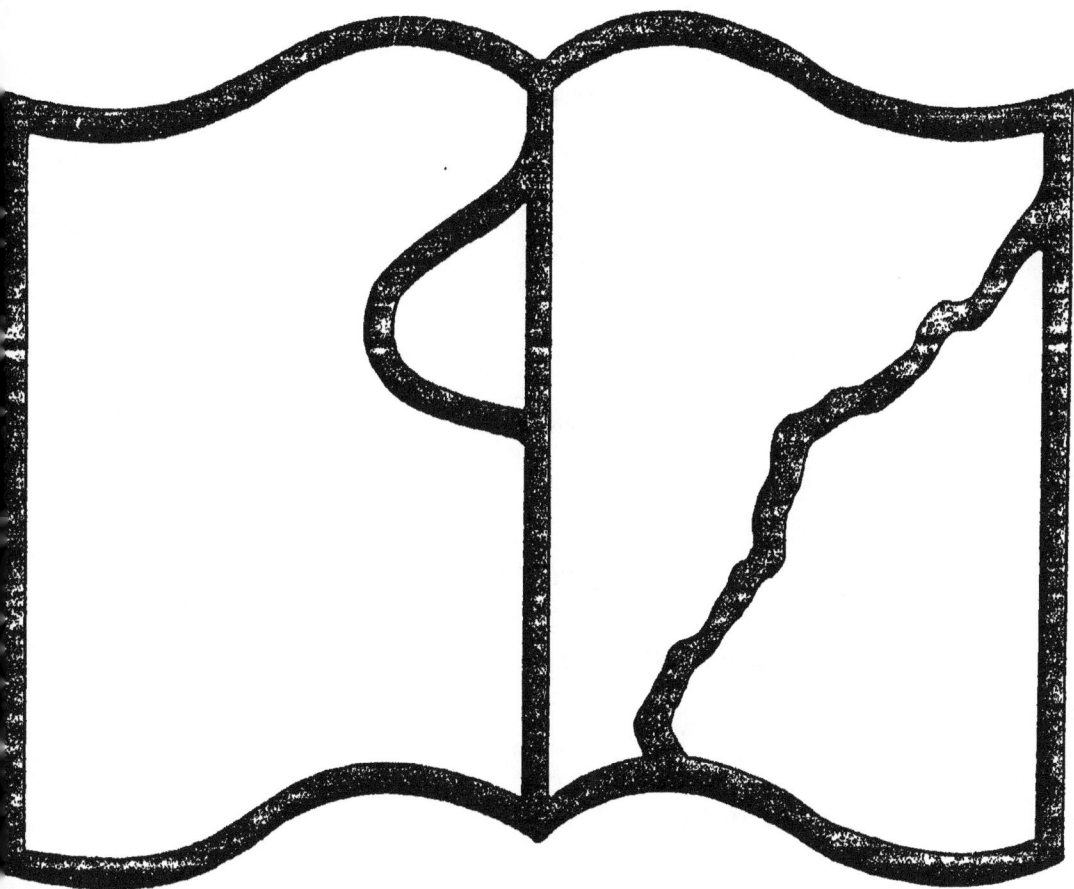

Symbole applicable
pour tout, ou partie
des documents microfilmés

Texte détérioré — reliure défectueuse

NF Z 43-120-11

COLLECTION

DE

CARTULAIRES DAUPHINOIS

—

TOME SIXIÈME — IIe LIVRAISON

—

DIPLOMATIQUE
DE BOURGOGNE

PAR

PIERRE DE RIVAZ

ANALYSE ET PIÈCES INÉDITES

PUBLIÉES PAR

L'abbé C.-U.-J. CHEVALIER

PARIS

Honoré CHAMPION

—

(542 - 999).

Table chronologique des chartes contenues dans les deux volumes.

I. Fondation du monaſtère de Saint-André-le-Bas de Vienne : *Dominæ filiæ Remilæ… Non habetur… Servilius jub. d. m. Anſemundo & d. m. Anſleubana ſcr. an. 9 regn. d. Lotario.*

542. Extraite du Cartulaire du chapitre de la cathédrale de Saint-Maurice de Vienne, écrit vers l'an 1060, page 7. [Ms. D. ESTIENNOT, *Fr. Hiſt. Aquit.*, t. VI, p. 186. — Edd. BRÉQUIGNY, *Diplom.*, t. I, p. 107 ; CHARVET, *Mém. de St-André-le-Haut*, p. 200. — Cff. Georgiſch, I, 5 et 87 ; Bréquigny, I, 21]. — Note (1).

II. Bulle d'Adrien Ier en faveur du monaſtère d'Agaune : *In nomᵉ Dom. Dei æt. & Salv. n. J. C. Adrianus hum… Quia Dominus oves… Stephanus Capuan. cancell. Rom. palat. jus. a d. papa adnot.*.

780. Publiée par GUICHENON, [*Bibl. Seb.*, cent. II, n° 91,] & revue ſur l'Original. — [Ed. J. GREMAUD, *Mém. de Frib.*, 1857, p. 350. — Cff. Jaffé, cccxxiij ; R. S. R., 47 ; Sch. Urk., 120]. — Note ſur les abbés de Saint-Maurice & ſur Théodule évêque de Sion.

III. Plait tenu au château de Tournon, près de Vienne, par Oſtoricus comte, commis & député par Louis-le-Pieux : *Notitia qualiter… in Tornone caſtro & in mallo publ… Fact. d. lunis, 1° mens. februar. in an. 1° imper. Ludovici imp…*

814. Extr. de ſon Original exiſtant dans les archives de Cluny, parmi les titres non inventoriés. — [Voir la pièce annexe n° I].

1

IV. Charte de l'empereur Louis-le-Débonnaire en faveur de l'église de Laufanne : *In n° Dom. Dei & Salv. J. C. Hludovicus imper. aug. Quidquid enim... ubi Fredarius... Dat. 5 kal. aug. an. 814, a. 1 imper. n., ind. 7.*

814.—[Ed. *Mém. Suis. Rom.*, t. VI, p. 239.—Cff. R. S. R., 50; Sch. Urk., 258; Sickel, L. 11ᵃ].

V. Bulle du pape Eugène qui confirme la réforme de l'abbaye d'Agaune faite par Louis-le-Pieux : *In n°*, ut n° II. *Eugenius fer. s. Dei... Quia Dom. oves... Petrus pecc. jus. a d. papa subfcr.*

825. Extr. des Archives de cette abbaye. — [Ed. GREMAUD, *Mém. de Frib.*, 1857, p. 353. — Cff. Jaffé, cccxxxv; R. S. R. 51]. — Note hiftor.

VI. Charte de l'empereur Louis-le-Pieux en faveur de Bernard, archevêque de Vienne : *In n° D. D. & S. n. J. C. Hludovicus imper. aug. Si erga loca... Durandus diac. ad vic. Fridardi rec. Dat. 5 non. marc. an. 23 imper. Hl. aug., ind. 9; act. Aquifgrani palat. reg.*

836. Extr. du Cartulaire du chapitre de la cathédrale de Vienne, p. 6. [Mss. BALUZE, t. LXXV, f° 319; *Chartul.* 5214, p. 21. — Edd. BALUZE, *Capit.*, t. II, c. 1433; D. BOUQUET, *Recueil*, t. VI, p. 570. — Cff. Bréquigny, I, 179; Bœhmer, R. K., 410; Sickel, L. 282].— Note.

VII. Échange fait entre Ingelboton & Archambaud, comte de Vienne : *Quoties initæ... Act. Viennæ publ., fub d. 16 kal. fept. an. 3 imper. Hlottario aug.*

842. Extr. du Cartulaire du chapitre de Vienne, p. 52. — [Ed. U. CHEVALIER, *Coll. de Cart. dauph.*, t. I, p. 211].

VIII. Diplôme de l'empereur Lothaire Iᵉʳ en faveur de l'église de Lyon : *In n° D. n. J. C. D. æt. Hlotarius imper. aug. Oportet imperialem... quia dil. patruus n. Drogo ven. archiepifc... præcepimus.*

850. — Publ. par D'ACHÉRY, *Spicil.*, t. III, p. 340.

IX. Diplôme de l'empereur Lothaire Iᵉʳ en faveur de l'église de Lyon : *In n°*, ut in præced... *quia Gerardus ill. comes... præcipimus.*

851 env. Publ. par D'ACHÉRY, *Spicil.*, t. III, p. 340.

X. Accord entre Agilmar, archevêque de Vienne, &
Vigeric, comte de cette ville, en préfence de plufieurs évê-
ques & comtes : *Notitia altergationis... Venientes namq...
Rodulfus.*

853 env. Extr. du Cartulaire de ce chapitre, p. 40. [Mss. BA-
LUZE, t. LXXV, fᵒ 341 ; *Chartul.* 5214, p. 181. — Ed. D'ACHÉRY, *Spicil.*, t. III, p. 343. — Cf. Bréquigny, I, 238].

XI. Confirmation des priviléges de l'abbaye de Saint-
Gall, accordée par Louis Iᵉʳ, roi de Germanie : *In nᵉ s. &
i. Tr. Ludovicus d. f. cl. rex. Si erga loca... Act. 11
kal. aug. an. 21 regni Lud. reg. in Orient. Francia,
ind. 2 ; act. Ulma palat. reg.*

854. — Publ. par MURATORI, *Antiq. med. ævi*, t. V, p. 959. [Ed.
Urkdbch Abt. S.Gal., t. II. — Cff. Bœhmer, R. K., 771 ; Sch. Urk.,
534]. — Note fur Louis-le-German.

XII. Charte de Charles, roi de Provence, fils de l'empereur Lothaire, en faveur d'Agilmar, archevêque de
Vienne : *In nᵒ D. n. J. C. D. œt. Karolus d. o. cl.
rex, Hlotharii quond. incl. & aug. fil. Si neceffitati-
bus... Deidonus notar. ad vic. Heicardi rec.*

856 env. Extr. du Cartulaire de ce chapitre, p. 75. [Mss. BALUZE,
t. LXXV, fᵒ 190. — Ed. D. BOUQUET, *Recueil*, t. VIII, p. 397. —
Cf. Bœhmer, R. K., 714]. — Note (2).

XIII. Épître de Benoît III aux évêques du royaume de
Charles-le-Chauve : *Bonorum femper... bene valere.*

857 env. — Extr. de la *Collection des Conciles* du P. LABBE, t.
VIII, p. 233. [Ed. MANSI, *Concil.*, t. XV, c. 111. — Cff. Jaffé,
2012 ; R. S. R., 2539]. — Note fur Hucbert, duc de la Transjurane,
fa généalogie [voir le tabl. I des *Hugonides* de M. DE GINGINS].

XIV. Donation faite par Vigo, fils de Roftaing, à l'églife
des Apôtres de Romans, de plufieurs manfes dans le comté
de Vienne : *SS. ecclefiœ... Ego quid... Fredrannus
presb. dat. d. mart. mens. februar. an. 2 poft obitum
Caroli regis...*

864. Extr. du Cartulaire de Romans, p. 45. — [Ed. P.-É. GI-
RAUD, *Effai hift.,*, 1ʳᵉ part., pr. p. 74]. — Note (3).

XV. Confirmation des priviléges de l'abbaye de Saint-
Gall par Charles-le-Gros, roi d'Allemagne : *In nᵒ s. & i.*

Tr. Karolus d. f. cl. rex. Si cœnobiorum... Dat. 12 kal. fept. an. Inc. D. 878. ind. 10, an. reg. Car. 1...

877. — Publ. par MURATORI, *Ant. med. œvi*, t. V, p. 962. [Ed. *Urkdbch d. Abt. S. Gal.*, t. II. — Cff. Bœhmer, R. K., 900; Sch. Urk., 730]. — Note fur Charles-le-Gros.

XVI. Donation faite à l'abbaye de Tournus par Bofon, roi de Provence : *In n° s. & i. Tr. Bofo ips. mis. rex. Sanctœ recordationis... Stephanus notar. ad vic. Radulfi. Dat. 6 iduum [nov.], ind. 12, an. 1 regni Bos.; act. Lugduni civit...*

879. — Extr. de l'*Hiftoire de St-Philibert de Tournus*, p. 102. [Ed. D. BOUQUET, *Recueil*, t. IX, p. 669. — Cf. Bréquigny, I,323; Bœhmer, R. K., 1443]. — Notes (4).

XVII. Reftitution faite par le roi Bofon à l'églife de Vienne, de l'abbaye de Saint-André-le-Bas : *In n° s. & i. Tr. Bofo m. D. rex. Si petitionibus...Stephanus cancell. Dat. 15 kal. febr., ind. 13, an. 2 regni Bos.; act. Tarniaco villa...*

880. Extr. du Cartulaire du chapitre de Vienne, p. 13. [Mss. BALUZE, t. LXXV, f° 323; *Chartul.* 5214, p. 17; FONTANIEU, *Preuv.*, t. I, p. 65. — Ed. D. BOUQUET, *Recueil*, t. IX, p. 671. — Cff. Bréquigny, I, 326; Bœhmer, R. K., 1446].

XVIII. Albergement fait par le comte Rodolphe, abbé de Saint-Maurice, à l'impératrice Ingelberge : *Prifcarum legum... Quapropter... Erifredus diac. atq. prœpofitus...*

881 env. — Publ. par MURATORI, d'après l'Original confervé à St-Sixt de Plaifance, *Ant. med. œvi*, t. III, p. 156. — [Cf. Sch. Urk., 677]. — Note chronol.

XIX. Confirmation accordée par Charles-le-Gros au monaftère de Grandval, des donations faites à cette maifon par l'empereur Lothaire : *In n° s. & i. Tr. Karolus imper. aug. Notum fit... Segoinus notar. ad vic. Lintuvardi archicancell. Dat. 12 kal. oct. an. ab I. D. 884, ind. 3, a. regni Kar. aug. 8, imp. 4; act. Radesbonœ civit.*

884. — Publ. par D. HERRGOTT, *Geneal. Habsburg.*, t. II, p. 51; D. BOUQUET, *Recueil*, t. IX, p. 334; ECCARD, *Orig. Haps. Auftr.*, 1721, p. 139. — [Cff. Bœhmer, R. K., 980; R. S. R., 81; Sch. Urk., 786]. — Notes.

XX. Diplôme de Rodolphe Ier, roi de Bourgogne, en faveur de l'abbaye d'Agaune : *In n° s. & i. Tr. Rodulphus a. d. m. rex s. Si juſtis poſtul... Eugenius pp. Rom. in eccles. Sⁱ Petri apoſt. indid. & in baſil. Pauli, d. Natalis eor...*

888. Extr. d'une Copie authentique des archives de cette abbaye. —[Ed. *Hiſt. patriæ Monum.*, Chart. t. II, p. 62. — Cf. Sch. Urk., 828]. — Notes & généalogie de la dynaſtie Rodolphienne [voir Scheid, *Orig. Guelf.*, t. II, p. 64; *Rég. gen.*, p. 32].

XXI. Donation de l'abbaye de Romain-Moutier, dans le comté de Vaud, faite par Rodolphe Ier à ſa ſœur Adélaïde : *In n° s. & i. Tr. Rodulfus d. f. cl. rex. Cum conveniat... Berengarius notar. ad vic. Theoderici archiepiſc. & cancel. Dat. 4 id. jun. an. Rod. r. 1, a. ab. I. D. 888, ind. 6 ; aĉt. Vabrevilla...*

888. — Publ. par D. Mabillon, d'après l'Original, *Annal. Bened.*, t. III, p. 690. [Ed. *Mém. Suis. Rom.*, t. III, p. 577. — Cff. Bœhmer, R. K., 1484; R. S. R., 85; Sch. Urk., 821]. — Notes.

XXII. Jugement rendu en faveur du monaſtère de Gigny contre le comte Bernard, ſurnommé Plante-Velue : *An. ab Inc. D. 898, ind. 8, cum conveniſſent Ermengardis regina...firmavit.*

889. Publ. par Guichenon, *Bibl. Seb.*, cent. I, n° 26. — [Ms. Fontanieu, *Preuv.*, t. I, p. 73. — Ed. D. Bouquet, *Recueil*, t. IX, p. 663.] — Note (5).

XXIII. Plaid tenu par Raculphe comte de Mâcon : *Cum reſediſſet d. Raculfus voc. comes... Haĉt. regn. Odone rege.*

890 env. Extr. du *Livre enchaîné* du chapitre de St-Vincent de Mâcon, p. 103. — [Edd. *Hiſt. patriæ Monum.*, Ch. t. II, p. 16; Ragut, *Cartul. de St-Vincent*, p. 169]. — Note.

XXIV. Donation au monaſtère de Nantua en Bugey par Aurélien archevêque de Lyon : *An. 891, ind. 12, ego Aurelianus.. hum. archiepiſc... obtulimus.*

894. — Publ. par Mabillon, *Annal. Bened.*, t. III, p. 690. — [Cf. Bréquigny, I, 347].

XXV. Diplôme de Louis, fils de Boſon, roi de Provence, en faveur d'Iſaac, évêque de Grenoble : *In n° s. & i. Tr.*

*Ludovicus d. o. p. rex. Dignum eſt ut... Dat. 3 id. aug.,
an. I. D. 894, ind. 13, an. regni Lud. 4; act. Inciæ caſ-
tello.*

894. Publ. par CHORIER [*Eſtat. polit.*], t. II, p. 59. — [Mss.
Cartul. de St HUGUES, Ier, n° 27, III°, n° 109; *Cart.* d'Aim. DE
CHISSÉ, n° 65 de notre *Notice;* FONTANIEU, *Preuv.*, t. I, p. 97. —
Ed. D. BOUQUET, *Recueil*, t. IX, p. 675. — Cff. Bréquigny, I, 350;
Bœhmer, R. K., 1449].

XXVI. Charte par laquelle Rodolphe Ier, roi de Bourgogne, donne au peuple de Lauſanne la liberté d'élire ſon
évêque : *In n° s. & i. Tr. Rodulfus d. a. cl. p. rex. Quanto
liberius... Almaricinus not. ad vic. Waltharii archicanc.
Dat. 5 kal. febr. an. ab I. D. 895, an. Rod. 8, ind. 13.*

895. Extr. du Cartulaire de Lauſanne, exiſtant dans les archives de Berne. — [Ed. *Mém. Suis. Rom.*, t. VI, p. 53. — Cff. Bœhmer, R. K., 1485; R. S. R., 94; Sch. Urk., 874]. — Note.

XXVII. Charte par laquelle le roi Louis accorde trente
manſes dans le comté de Mâcon à un particulier nommé
Aimon, à la prière du comte Hugues, fils du comte Richard : *In n° s. & i. Tr. Ludovicus gr. D. rex. Si fidelium
noſt... Arnulfus ad vic. Ragimfredi archicanc. Act. ap.
Viennam civit., an. I. D. 900, ind. 2, an. 1 regn. Klud. r.*

900. Extr. de ſon Original exiſtant dans les archives abbatiales de
Cluny. — [Ed. D. BOUQUET, *Recueil,* t. IX, p. 680. — Cf. Bréquigny, I, 361]. — Note chronol.

XXVIII. Charte de l'empereur Louis, par laquelle il
donne deux terres dans le Viennois au vicomte Berlion, à la
prière de Raimfroy, archevêque de Vienne, & du comte
Hugues ſon parent : *In n° D. n. J. C. D. æt. Kludovicus
d. o. p. imper. aug. Dignum eſt ut... Teudo not. ad vic.
Raingamfredi archicanc. Dat. Viennæ civit., 15 kal.
maii, an. D. I. 902, a. etiam imp. Hlud. a.; act. Viennæ civ...*

902. Extr. du Cartulaire de ce chapitre, p. 77. — [Ed. U.
CHEVALIER, *Coll. de Cart. dauph.*, t. I, p. 219].

XXIX. Confirmation accordée par l'empereur Louis des
conceſſions faites au comte Adalelme par le roi Boſon, ſon
père, & par Charles, roi de Provence : *In n° s. & i. Tr.*

Hludovicus g. D. imper. aug. Omnium fidelium... Adrul-
fus not. ad vic. Ragenfredi archipræs. & archicanc. Dat.
8 id. jun. an. D. 903, ind. 6, a. 3 imper. Hl. imp. aug.

903. Extr. du Cartulaire du chapitre de Vienne, p. 78. — [Ed.
U. Chevalier, *Coll. de Cart. dauph.*, t. I, p. 221].

XXX. Vente faite par Azon à Étienne, approuvée par
Leutald comte de Mâcon : *Dom. fratr. Stephanus &...*
Act. Matifconi civit... — Notitia feu verpitiera... Anafta-
fius presb. dat. d. fabb. 4 non. nov., an. 7 regn. Ludovico
imp. fil. Bofonis.

907. Extr. du Cartulaire de Cluny A, p. 125, n° 179. — [Ed.
Hift. patriæ Monum., Ch. t. II, p. 25]. — Notes chronol. & généal.

XXXI. Jugement rendu par Rodolphe Ier, roi de Bourgogne, en faveur de Bofon, évêque de Laufanne : *In n° D.*
n. J. C. Cum refediffet... Ruodolfus rex... in Corfiaco
villam... Saturnius presb. s. cancell. dat. d. lunæ, 15
kal. aug. an. 20 regn. Ruod. r.

908. Extr. du Cartulaire de Laufanne, qui eft dans les arch. de
Berne. — [Ed. *Mém. Suis. Rom.*, t. VI, p. 96. — Cff. R. S. R., 103 ;
Sch. Urk., 948].

XXXII. Donation faite par Vigo, comte de Vienne, à
Alexandre, archevêque de la même ville : *SS. ac vener. s.*
D. eccl... Act. Viennæ publ. Eldulfus dat. d. domin.
in men. aug. in an. 12 quod Ludovicus eft imperator.

913. Extr. du Cartulaire de ce chapitre, p. 38. [Ms. *Chartul.*
5214, p. 177. — Ed. B. Hauréau, *Gallia Chrift.*, t. XVI, inftr. c.
13 (6)].

XXXIII. Rétabliffement du monaftère de Romans, fait
par Alexandre, archevêque de Vienne : *Omnium rerum...*
Quapropter... presbiter.

913 env. Extr. du Cartulaire de Romans, p. 16. — [Ed. Giraud, *Effai hift.*, 1re part., pr. p. 24]. — Note (7).

XXXIV. Déclaration des droits de péage appartenants
à l'évêché d'Aofte, qu'Adalbert, comte d'Aofte, avait
voulu contefter : *Cum iniquitatis filios... Valeant in*
Chrifto.

913 env. — L'Original eft dans les archives de l'évêché d'Aofte. —
Ed. Besson, *Mém. pour l'hift. ecclés.*, pr. p. 479]. — Notes.

XXXV. Donation faite par Ricfredus, au monaſtère de Romans, ſous l'abbé Fortunius, du conſentement du duc Hugues : *In nᵉ D. n. J. C. D. æt. Notum & comp... Lobertus mon. jub. Fortunio abb. dat. 18 kal. jul. an. 17. regn. Ludovico imper.*

918. Extr. du Cartulaire de ce chapitre, p. 46. — [Ed. Giraud, *Eſſai hiſt.*, 1ʳᵉ part., pr. p. 78].

XXXVI. Admodiation faite par Otdon, évêque de Grenoble : *In Xˡ nᵉ, notum eſſe... Act. ap. caſtrum Bociſſello, p. m. Conſtantini presb., fer. 6, 4 non. april. an. 10 regn. Radulpho r.*

919. Publ. par le préſident de Boissieu, *Traité de l'uſage des fiefs*, p. 496. — [Ms. *Cartul.* de St-Hugues, Iᵉʳ, nᵒ 9. — Ed. U. Chevalier, *Revue du Lyonnais*, 3ᵉ ſér., t. IV, p. 317]. — Note [erronée] ſur Odon [évêque de Belley].

XXXVII. Donation de l'évêque & comte Anſelme aux deux chapitres de la cité d'Aoſte : *Licet unicuique... an. ab I. D. n. J. C. 923, ind. 11... Beʒo levita jub. epiſc. Anſelmo & eod. com. ante præſent. reg. Rodulphi ſcr.*

923. Extr. de ſon Original qui eſt dans les archives du chapitre de l'égliſe cathédrale. — [Ed. *Hiſt. patriæ Monum.*, Ch. t. II, p. 28. — Cf. Sch. Urk., 988]. — Note ſur Anſelme.

XXXVIII. Charte par laquelle l'empereur Louis accorde à un particulier nommé Bonus, quelques terres dans le comté de Lyon : *In nᵉ s. & i. Tr., D. æt. & S. n. J. D. Ludovicus D. g. imper. aug. Aurem pietatis... Hellas diac. ad vic. Alexandri archicanc. rec. Viennæ publ., an. ab I. D. 924, an. 23 imp. Lud. aug.*

924. Extr. de ſon Original exiſtant dans les archives abbatiales de Cluny. — [Ed. D. Bouquet, *Recueil*, t. IX, p. 688. — Cff. Bréquigny, I, 386; Bœhmer, R. K., 1483].

XXXIX. Inféodation faite par Arnoux, abbé de Savigny, & ſes chanoines, à Audefridus & Ricborge, ſa femme, de quelques terres dans le Lyonnais : *Dd. fratr. Audefrido &... Ratbertus mon. dat. d. lunæ in men. aug. an. 23 imp. Ludovici.*

924. Extr. du Cartulaire des archives abbatiales de Savigny, commencé par ordre de l'abbé Ponce l'an 1120, p. 4. — [Ed. A. Bernard, *Cartul. de Savigny*, nᵒ 7]. — Notes.

XL. Plaid tenu par Hugues, comte du palais, par An-felme, comte des Équeftres, & par Turumbert, comte de Génevois : *Dum refediffet.. rex Rodulfus in Caftris villa… Poftmodum.. in vico S¹ Gervafii, [in urbe Geneve]nfi… Maiolus cancel. dat. d. mercor. 15 kal. febr. an. 15 regn. Rod. r.*

926. L'Original eft parmi les titres non inventoriés des archives abbatiales de Cluny. [Ms. Moreau, t. IV, p. 147. — Ed. *Mém. Hift. Gen.*, t. XIV, p. 376. — Cff. R. S. R., 130; Sch. Urk., 992]. — Notes topogr. et chronol.

XLI. Donation faite par Teutbert, avec l'approbation de Siebou, comte de Vienne, fon frère, à Sobon, prévôt de l'églife de Vienne : *Domno ac magnifico… Uboldus dat. ibid. april. an. 25 imper. Ludovici aug.*

926. Extr. du Cartulaire de ce chapitre, p. 57. — [Ed. U. Chevalier, *Coll. de Cart. dauph.*, t. I, p. 229].

XLII. Échange entre Guillaume, marquis d'Auvergne & comte de Mâcon, & Guitfred & Adalgarde fa femme : *In n° Dom. placuit atq. conv… Abbo dat. in men. dec. in d. vener. an. 4 regn. Radulpho r.*

926. L'Original eft parmi les titres non inventoriés dans les archives abbatiales de Cluny. — Note.

XLIII. Donation faite par Gerbald au monaftère de Cluny : *Notitia five traditio… epifc. Anfcherico. & Geroldo… ex monachis*, &c.

926. Extr. du Cartulaire de Cluny coté A, commencé fous l'abbé Hugues en 1058, p. 12, n° 8. — Notes.

XLIV. Donation faite par l'empereur Louis à Sobon archevêque & à l'églife de Vienne, de la terre de Céréfin, à la prière du comte Charles, fils de ce prince : *In n° O. D. & S. n. J. C. Kludovicus ips. f. g. imp. aug. Si facris locis… Ubboldus notar. Dat. Viennæ publ., 8 kal. jan. an. 27 Klud. aug.*

927. Extr. du Cartulaire de ce chapitre, p. 76. [Mss. Baluze, t. LXXV, f° 364 v°; *Chartul.* 5214, p. 93. — Ed. Hauréau, *Gal. chrift.*, t. XVI, inftr. c. 15] (8).

XLV. Donation faite par l'évêque Bernon au comte Albéric & à fes fils Léotald & Humbert, &c.: *Omnia quæ* *proc... Dat. p. m. Aimuini, d. mart. kal. jan. an. 8 regn. Rodulfo r.*

927. Extr. du Cartulaire nommé le *Livre enchaîné* du chapitre de St-Vincent de Mâcon, p. 3. — [Ed. RAGUT, *Cart. de St-Vincent*, p. 6]. — Notes [d'abord à 922].

XLVI. Charte d'Hugues, roi d'Italie, en faveur de l'églife də Saint-Pierre de Romans : *In n° D. n. J. C. Ugo g. D. rex. Omnium fidelium... Petrus not. ad vic. Gerlanni abb. & archicanc. Dat. 7 kal. dec. an. D. I. 928, regni d. Hug. r. 3, ind. 1; act. Valentiæ.*

928. Extr. du Cartulaire de ce chapitre, p. 38. — [Ed. GIRAUD, *Effai hift.*, 1ʳᵉ part., pr. p. 59]. — Note.

XLVII. Donation d'Albitius, comte de Vares, & d'Oda, fa femme, en faveur du monaftère de Nantua : *SS. Sˡ Petri Nantoadis monaft... revertatur.*

932. — Publ. par GUICHENON, *Hift. de Bugey*, [pr. p. 215]. — Notes.

XLVIII. Donation de Léotald, comte de Mâcon, faite à l'abbaye de Cluny : *SS. ecclefiæ in... Dat. p. m. Berardi, d. mercur. 2 id. april. an. 12 regn. Rodulpho r.*

935. —Publ. par GUICHENON, [*Bibl. Seb.*, cent. I, n° 77], & revue sur le Cartulaire de Cluny coté A, n° 125, p. 62. — [Cf. Bréquigny, I, 357]. —Note fur le comté de Mâcon.

XLIX. Fondation du prieuré de Satigny faite par Edelgarde, veuve d'Airbert, comte des Équeftres : *SS. ecclefiæ ac Dom... Maiolus lev. ad vic. Uldrici archicanc. Dat. d. vener. 10 kal. mart. an. 24 regn. Rodulpho r.*

935. — Publ. par GUICHENON, *Bibl. Seb.*, cent. I, n° 32. [Ed. *Mém. Hift. Gen.*, t. II, part. II, p. 16. — Cff. R. S. R., 137; R. gen. 116; Sch. Urk., 965]. — Note.

L. Donation faite par les rois Hugues & Lothaire au comte Hugues, leur neveu, de la terre d'Elevo avec 700 manfes : *In n° s. & i. Tr. Hugo & Lotharius D. g. reges. Noverit omnium... Petrus cançell. ad vic. Gerlanni abb. & archicanc. Dat. 8 kal. jul. an. I. D. 937, regni Hug. r. 10 & Lot. r. 6, ind. 9 ; act. Papiæ.*

937. Extr. du Cartulaire du chapitre de Viénne, p. 12. [Mss. BALUZE, t. LXXV, fᵒ 382 vᵒ; *Chartul.* 5214. p. 101. — [Ed. U. CHEVALIER, *Coll. de Cart. dauph.*, t. I, p. 232]. — Note (9).

LI. Donation faite par le comte Boſon à l'abbé Udalbert d'une égliſe & de cinq manſes dans le comté de Vienne : *In nº D. n. J. C. Dilecto atq... Adalardus presb. ſcr. dict. d. mart. men. aug. an. I regn. Gondrado r.*

937. Extr. du Cartulaire de Romans, p. 115. — [Ed. GIRAUD, *Eſſai hiſt.*, 1ʳᵉ part., pr. p. 154].

LII. Charte du comte Gaufred & de ſa femme Ève en faveur du monaſtère de Cluny : *Dum fragilitatis... Dict. men. jul. an. 5 regn. Ludovico r. Clemens lev. ad vic. cancell. domin. ſcr.*

940. Extr. du Cartulaire de Cluny coté A, p. 42, nº 15. —

LIII. Inféodation du château de Bracon & de ſes dépendances faite au comte Albéric par les chanoines de l'abbaye de Saint-Maurice : *In nº D. æt. Quicumque... Henricus Gink notar. dat. d. domin. an. 5 regn. Chuonrado r.*

941. Vérifiée ſur la copie originale des archives de cette abbaye. —[Ed. *Hiſt. patriæ Monum.*, Ch. t. II, p. 35. — Cff. R. S. R., 145; Sch. Urk., 1022]. — Notes.

LIV. Donation faite par Ratburne, vicomte de Vienne, & Vualda, ſa femme, au monaſtère de Cluny : *SS. & exorabili... Eldebertus ſcr. ſabato d. kal. oct. an. 4 regn. Conrado r.*

942. Extr. du Cartulaire de Cluny coté A, p. 89, nº 17; vérifiée ſur l'original parmi les titres non inventoriés. — [Ed. BALUZE, *Hiſt. d'Auvergne*, t. II, p. 477-8; voir la pièce annexe nº II. — Cf. Bréquigny, I, 408] — Notes (10).

LV. Donation faite par le comte Hugues à l'abbaye de Cluny : *SS. eccleſiæ Sᵗ Petri Clun... Dict. p. m. Berardi, d. jove 11 kal. mai, an. 6 r. Ludovico regn.*

942. Extr. du Cartulaire de Cluny coté A, p. 70, nº 164. — Note.

LVI. Déclaration de Sicherius, par laquelle il ſe rend ſerf de l'abbaye de Cluny : *Judicium s. traditio... Vuarnerius jub. Bernardo dat. d. jov. in men. mart. an. 8 regn. Conrado r.*

943. Extr. du Cartulaire de ce monaſtère coté A, p. 135, nº 235. — [Ed. MABILLON, *Annal. Bened.*, t. III, 474 (incplt). — Cf. Bréquigny, I, 410]. — Note.

LVII. Donation faite par Leutald, comte de Mâcon, &

Berthe, fa femme, au monaſtère de Cluny : *Divina lar-gitate... Dat. men. mart. an. 6 r. Conrado regn.*

943. Extr. du Cartulaire de Cluny coté A, p. 88, n° 14. —

LVIII. Jugement rendu par Conrad-le-Pacifique, roi de Bourgogne, en faveur de l'abbaye de Cluny : *In n° D. æt. Chuonradus n. O. D. s. rex. Notum fit... Henricus notar. dat. 5 kal. april. an. 6 regn. Chuon. r.*

943. Extr. de fon Original, qui eſt parmi les titres non inventori-és des archives abbatiales, & au f° 61 du petit Cartulaire. — [Edd. Guichenon, *Bibl. Seb.*, cent. 1, n° 5; D. Bouquet, *Rec.*, t. IX, p. 696. — Cff. Bœhmer, R. K., 1502; R. S. R., 150]. — Notes (11).

LIX. Donation du roi Conrad-le-Pacifique au monaſ-tère de Cluny : *Chuonradus d. m. l. s. rex. Quidquid juſte... Dat. 9 kal. mart. an. ab I. D. n. J. C. 943, an. 6 regn. Chuon. r. fil. Rodulfi.*

943. Extr. de l'Original, n° 29 de l'Inventaire des archives abba-tiales, & p. 68 du petit Cartulaire. — [Edd. D. Bouquet, *Rec.*, t. IX, p. 696; *Hiſt. patriæ Monum.*, Ch. t. II, p. 37. — Cff. Bœh-mer, R. K., 1501; R. S. R., 147]. — Note.

LX. Donation faite par le roi Conrad à l'abbaye de Cluny, du village de Cuciacum dans le Lyonnais : *In n° s. & i. Tr. Conradus n. O. D. s. rex. Convenit unumq.... Act. 9 kal. maii, an. ab I. D. n. J. C. 943, a. 6 regn. Conr. r. fil. Rodulphi.*

943. Extr. du petit Cartulaire de Cluny, p. 79. — [Edd. D. Bou-quet, *Rec.*, t. IX, p. 695; *Hiſt. patriæ Monum.*, Ch. t. II, p. 37. — Cff. Bœhmer, R. K., 1500; R. S. R., 148]. — Note.

LXI. Charte par laquelle le roi Conrad donne à fon cha-pelain Hermereus la chapelle de Saint-Genis au territoire de Vienne, à la prière du comte Charles, fon couſin : *In n° s. & i. Tr. Conraldus g. O. D. s. rex. Quicquid in mihi.... Dat. 15 kal. jun. an. ab I. D. 943, a. 6 regn. Conr. r., ind. 1.*

943. Extr. de fon Original dans les archives abbatiales de Cluny. — [Edd. *Mém. Suis. Rom.*, t. XIX, p. 550; U. Chevalier, *Coll. de Cart. Dauph.*, t. I, p. 235. — Cff. R. S. R., 2543; Sch. Urk., 1021].

LXII. Donation faite par le comte Hugues à l'abbaye de Cluny : *SS. ecclefiæ Sʲ Petri Clun... Dat. p. m. Berardi, fub fer. 4, 10 kal. dec. an. 6 regn. Conrado r.*

943. Extr. du Cartulaire de Cluny coté A, p. 89, nᵒ 15. —

LVIII. Jugement rendu par le marquis Hugues, en faveur des moines de Cluny contre Adémar vicomte de Lyon, en préfence des comtes Léotald, Charles & Guillaume : *Notitia qualiter mon... Dat. p. m. Annonis fubdiac. 5 kal. april. 7 an. regn. Conrado r.*

944. Extr. du Cartulaire de Cluny coté A, p. 17, nᵒ 36 ; l'original eft parmi les titres du grand coffre. —

LXIV. Donation faite par les rois Hugues & Lothaire à l'églife de Vienne : *In nᵉ D.D. æt. Hugo & Lotharius d. p. reges. Si prœdia... Gifeprandus epifc. & cancel. ad vic. Bofonis epifc. & archicanc. Dat. 8 kal. febr. an. D. I. 945, regni Hug. 18, Lot. 13, ind. 3 ; aſt. Papiœ.*

945. Extr. du Cartulaire de ce chapitre, p. 12. — [Mss. BALUZE, t. LXXV, fᵒ 382; *Chartul.* 5214, p. 105; FONTANIEU, *Preuv.*, t. I, p. 121. — Edd. J. A Bosco, *Flor. Bibl.*, l. x., p. 59 ; LE LIÈVRE, *Hiſt.*, p. 224. — Cff. Bréquigny, I, 410; Bœhmer, R. K., 1416].

LXV. Échange de quelques ferfs fait entre Aymar abbé de Cluny & Béranger : *SS. ecclefiœ Dei... Conſtantius dat. 2 fer. in men. jul. an. 10 regn. Conrado r.*

946. Extr. du Cartulaire A de l'abbaye de Cluny, p. 119, nᵒ 149. —

LXVI. Donation faite par Burcard, archevêque de Lyon, à l'abbaye de Cluny : *An. I. D. 949, d. Brocardo rev. archiprœs... Dat. p. m. Joannis diac. Sʲ Stephani, in 1 fer. men. febr., regn. Conrado rege Jurenfe.*

949. Extr. du Cartulaire de Cluny coté A, p. 95, nᵒ 31. —

LXVII. Confirmation des priviléges de l'abbaye de Savigny donnée par Burcard, archevêque de Lyon : *Paſtoralis curœ.... an. 949 I. D. n. J. C., ind. 7, 19 kal. fept., d. Affumptionis Genitricis Filii Dei, dum refiderem ego Burcardus.... Dat. p. m. Chriſtiani fac. & mon. jus. Eilmari archicanc. an. 14 regni Conradi r. Juren., fer. 2, men. nov.*

949. Extr. des archives de Savigny. — [Edd. CHIFFLET, *Abb. de Tourn*, pr. p. 282; BERNARD, *Cart. de Savigny*, n° 38. — Cf. Bréquigny, I, 417]. — Note.

LXVIII. Donation faite par l'évêque Roftaing de trois manſes à l'égliſe de Romans : *SS. Dei eccles... Faɕ. d. mart. 9 kal. maii, regn. Gondrado r. Emardus presb. dat.*

950 env. Publ. par D. MARTÈNE, *Thes. anecd.*, t. I, p. 76, & revue ſur le Cartulaire de ce chapitre, p. 47. — [Ed. GIRAUD, *Eſſai hiſt.*, Iʳᵉ part., pr. p. 80]. — Note de M. DE G.

LXIX. Charte par laquelle Charles-Conftantin, comte de Vienne, donne à Rotbold ſon eſclave la liberté de vendre ſes biens au chanoine Verner : *Quanta vel qualis... Sicfredus lev. dat. 14 kal. jun. reg. Chuonrado r.*

950. Extr. des Archives abbatiales de Cluny, où elle eſt en Original parmi les titres non inventoriés. — [Ed. U. CHEVALIER, *Coll. de Cart. Dauph.*, t. I, p. 236].

LXX. Charte de Burcard, archevêque de Lyon, en faveur de l'abbaye de Saint-Philibert de Tournus : *Sanɕæ matris... Dat. p. m. Onardi & Brochardi ad vic. Joannis cancell. in curia n. ap. Anſam oppid., 5 id. ſept., 2 fer., 15 an. Conradi reg. Juren.*

950. Extr. de ſon Original avec ſceau collé au bas de la charte. — [Ed. JUENIN, *Hiſt. de Tourn.*, pr. p. 114. — Cf. Bréquigny, I, 420.] — Notes chronol. & hiſt.

LXXI. Donation faite par Charles, comte de Vienne, à l'abbaye de Cluny : *Cunɕis ſane... Andreas ſcr. Dat. in men. jan., regn. Ludovico r. an. 16.*

951. Extr. du Cartulaire de Cluny coté A, p. 90, n° 18. — [Voir la pièce annexe n° III].

LXXII. Donation faite à l'abbaye de Cluny par Léotald, comte de Bourgogne & de Mâcon : *Ego Leotaldus comes... Dat. p. m. Bernardi, 8 id. mai., regn. Lothario Francor. rege.*

955. Extr. du Cartulaire de Cluny coté A, n° 283, p. 143. — [Ed. GUICHENON, *Bibl. Seb.*, cent. 11, n° 32. — Cf. Bréquigny, I, 423]. — Note chronol.

LXXIII. Donation faite par le prêtre Ottram au comte Gillin & à fon fils Alnerius de la terre de Santigny, & après leur mort à l'églife de Romans : *Diligendo & valde... prepofiti.*

956 env. Extr. du Cartulaire de ce chapitre, p. 48. — [Ed. GIRAUD, *Effai hift.*, Iʳᵉ partie, pr. p. 82].

LXXIV. Donation faite à l'abbaye de Cluny par Léotald comte de Mâcon & Humbert fon petit-fils : *SS. & exorabili... Dat. p. m. Borcardi, fub d. lun. 2 non. jan. an. 3 regn. Lothario r.*

959. Extr. du Cartulaire de Cluny coté A, p. 114, n° 130. — Note.

LXXV. Donation faite par Léotald, comte de Mâcon, au chapitre de Saint-Vincent de Mâcon : *SS. Dei eccles... Dat. p. m. Berardi, fub. d. merc. 11 kal. oct. an. 6 regn. Lothario r.*

959. Extr. du Cartulaire enchaîné de ce chapitre. — [Ed. RAGUT, *Cart. de St-Vincent*, p. 483]. — Notes hift.

LXXVI. Charte de l'empereur Othon Iᵉʳ par laquelle il donne au duc Rodolphe les terres de Colmar & Hittenheim en Alface, confifquées fur Gontran : *In n° s. & i. Tr. Otto D. g. rex. Noverint omnes... Liudulfus cancel. ad vic. Brunonïs archicanc. Dat. 18 [kal. maii], an. D. I. 959, ind. 1, a. regni r. Ot. 23; act. Valbiky.*

959. — Publ. par D. HERRGOTT. [Ed. SCHŒPFLIN, *Als. dipl.*, t. I, p. 114. — Cff. Bœhmer, R. I., 226; R. S. R., 163; Sch. Urk., 1054]. — Note.

LXXVII. Donation faite par le roi Lothaire au monaftère de Cluny, de l'églife de Saint-Amand à Nantua : *In n° D. & i. Tr. Lotharius D. g. rex. Prœdefforum noftr... Dat. 9 kal. dec. regn. Lot. r., ind. 3; act. Divionen. in palatio.*

960. Elle eft au petit Cartulaire de Cluny, p. 78; publ. par GUICHENON, *Hift. de Bugey*, [pr. p. 216], et par les éditeurs du *Gallia Chrift.*, [t. IV, inftr. c. 5. — Cf. Bréquigny, I, 430]. — Note.

LXXVIII. Confirmation accordée par le roi Lothaire d'une donation faite à l'abbaye de Savigny : *In n° s. & i. Tr. Lotharius g. D. rex. Notum fit... Gozo not. ad vic.*

Roriconis epifc. Dat. 4 id. dec. an. regni Lot. 7, ind. 4; act. in Tablidina villa.

960. Extr. des Archives abbatiales de cette maifon, p. 127 du Cartulaire. — [Ed. BERNARD, *Cart. de Savigny,* nº 132]. — Note.

LXXIX. Donation faite au monaftère de Cluny par le roi Conrad & par la reine Adélanie : *Chunrans n. D. rex. Quifque pro Dei... Dat. 10 kal. april. an. 26 regn. Conr. r.*

961. Extr. des Archives de Cluny (petit Cartulaire, p. 68).—[Ed. D. BOUQUET, *Recueil,* t. IX, p. 700. — Cff. Bœhmer, R. K., 1506; R. S. R., 167]. — Notes fur Conrad & Rodolphe.

LXXX. Donation faite par le roi Conrad au prêtre Gérold de la terre de Saint-Gervais : *In nº æt. D. Chuonradus n. O. D. p. rex. Quidquid jufte... Einricus ad vic. Keroldi epifc. Dat. 17 kal. fept. an. regn. r. Gunr. 25; act. Viennæ civit.*

961. Extr. du Cartulaire du chapitre de Vienne, p. 14. [Ms. *Chartul. 5214,* p. 173. — Ed. *Mém. Suis. Rom.,* t. XIX, p. 551. — Cff. R. S. R., 2545; U. Chevalier, C. de C. D., I, 238.] — Note fur la fynonymie de Bérold & Gérold.

LXXXI. Donation faite à l'abbaye de Cluny par Burchard, archevêque de Lyon : *Burchardus g. D. hum. archiepifc. non incognit... Dat. an. 30 Cohunradi reg.*

961. Extr. du Cartulaire de Cluny A, p. 168, nº 22. — Note fur Burchard.

LXXXII. Fondation du monaftère de Payerne, faite par Berthe, reine de Bourgogne, par le roi Conrad, le duc Rodolphe & l'archevêque Burchard, fes fils : *Cunctis fane... Symardus ad vic. Paneçonis cancel. Dat. in d. mart. kal. april. an. 24 regn. Conrado r.; act. Laufanna civit.*

962. Extr. de fon Original exiftant dans les archives de Berne. — [Ed. *Arch. Soc. d'hift. Fribourg,* t. I, p. 372. — Cff. R. S. R., 165; R. gen., 129; Sch. Urk., 1062]. —Notes.

LXXXIII. Donation de Conrad, roi de Bourgogne, au monaftère de Payerne : *In nº s. & i. Tr. Chuonradus d.*

n. l. p. rex. Mos regalis... Dat. 6 id. april. an. ab I.
D. n. J. C. 962, an. regn. Chuo. r. 24; Laufanna civit.

962. Extr. des Archives de Berne. — [Ed. *Hift. patriæ Monum.*,
Ch. t. II, c. 31. — Cff. Bœhmer, R. K., 1505; R. S. R., 166; Sch.
Urk., 1063]. — Note.

LXXXIV. Vente faite à Amblard, archevêque de Lyon,
par Ponce & fes fils : *Dilecto in X°.. Fact. d. merc. 4 non.*
jul. an. ab I. D. 963, regn. Conrado r. a. 25.

963. Extr. du Cartulaire de Cluny A, p. 162, n° 2, & de l'Original exiftant dans un grand coffre aux archives abbatiales. — Note.

LXXXV. Donation faite à l'abbaye de Cluny par Eymmo
& fa femme, de l'églife de Saint-Prieft : *Dominus ac*
Redempt.... Dat. p. m. Randuini, an. 29 Cohunradi reg.

965. Extr. du Cartulaire de Cluny A, p. 169, n° 26. —

*LXXXV. Charte du roi Conrad en faveur de l'abbaye
de Grand-Val : *In n° D. O. & S. n. J. C. Conradus D.*
cl. rex. Dum utilitatibus.... Dat. 7 id. mart. an. a Nat.
D. J. C. 957.

967. — Publ. par d'Achéry, *Spicil.*, t. VII, p. 187. [Ed. Trouil-
lat, *Mon. de l'évêché de Bâle*, t. I, p. 134. — Cff. R. S. R., 164;
Sch. Urk., 1062]. — Note.

LXXXVI. Donation faite au monaftère de Cluny par
Ailmodis, en préfence de Gérard comte de Lyon : *Divina*
pietate... Act. Rodotterio, regn. Chonrado an. 33.

969. Extr. du Cartulaire de Cluny A, p. 70, n° 34. — Note de
M. de G.

LXXXVII. Donation d'Albéric, comte de Mâcon, en
faveur de l'abbaye de Saint-Philibert de Tournus, fous l'abbé
Étienne : *In n° s. D. œt. Ego Albericus comes... Dat. p.*
m. Jordanis fac., fer. 7, 19 kal. febr. an. 20 regn. Lo-
tario r.

971. Extr. de l'*Hiftoire de l'abbaye de Tournus*, [par Juenin,
pr. p. 116. — Cf. Bréquigny, I, 447]. — Note.

LXXXVIII. Donation faite par le marquis Otbert,
comte du palais, au monaftère de Cluny, de plufieurs terres
en Italie fur le fleuve du Pô : *In n° D. D. & S. n. J. C.*
Hotto & alt. Hotto fil. ei. g. D. imperr. augg., an. imp.

Hot. 10, imp. Hot. fil. 4, 6 d. men. april., ind. 15. Monafterio... Gifeprandus judex s. palat. difg...

972. Extr. de fon Original, qui eft parmi les titres non inventoriés des archives de Cluny, dans une caffette. —

LXXXIX. Confirmation accordée par l'empereur Othon II, en faveur de Mayeul abbé de Cluny, de la donation des terres de Colmar, Hittenheim & Badelesbah en Alface, faite par fes prédécefleurs à l'abbaye de Payerne: *In n° s. & i. Tr. Otto imper. aug. Si fanctis ac... Villigifus cancel. vice Rodberti archicapell. Dat. 8 kal. aug. ann. I. D. 974, ind. 1, an. regni Ot. 13, imp. 6; act. Aquis Grani magno palat.*

974. — Publ. par D. HERRGOTT. [Ed. SCHŒPLIN, *Als. dipl.*, t. I, p. 124. — Cff. Bœhmer, R. I., 447; R. S. R., 187; Sch. Urk., 1105].

XC. Déclaration de Conrad roi de Bourgogne en forme de fauvegarde & confirmation des priviléges de l'abbaye de Savigny: *In n° D.D. & S. n. J. C. Condradus d. o. p. inv. rex. Si petitionibus... Viventius rec. Dat. non. oct. an. I. X. 976, ind. 2 & a. 36 imp. Conr. r.; act. Lugduno publ.*

976. Extr. du Cartulaire des archives abbatiales de Savigny, n° 122.—[Ed. BERNARD, *Cart. de Savigny,* n° 127.—Cff. Bœhmer, R. K. 1512; R. S. R., 190].

XCI. Dotation du prieuré de Medon dans le Viennois, faite par le prêtre Amalfredus: *Notum eft legent... Dat. p. m. Amalguini vice cancel. fub. d. fabb. men. maio, an. 39 regn. Gondrado r.*

976. Extr. du Cartulaire de Cluny A, p. 197, n° 191, & revue fur l'Original des archives, n° 66. — [Voir la pièce annexe, n° IV]. — Note (12).

XCII. Donation faite par Ratburne, vicomte de Vienne, à l'églife de Vienne: *Breve commemoratorio... Viennis fit. — SS. Dei eccles... Joannes fac. ad vic. Euchirii decani dat. 9 kal. jun. regn. Chuonrado r.*

976 env. Extr. du Cartulaire de ce chapitre, p. 16. — [Ed. U. CHEVALIER, *Coll. de Cart. Dauph.,* t. I, p. 244].

XCIII. Donation faite par Ratburne, vicomte de Vienne, à l'abbaye de Cluny : *Jus ecclefiafticæ…. Roftagnus fcr. 10 kal. oct. an. 40 Cohunradi reg.*

976. Extr. du Cartulaire de cette abbaye A, p. 169, nᵒ 27. — [Ed. Baluze, *Hift. de la mais. d'Auvergne*, t. II, p. 479. — Cf. Bréquigny, I, 408].

XCIV. Excommunication lancée contre Aikardus par les évêques de Valence, de Vienne, de Lyon, de Grenoble, de Genève & du Puy : *Quicumque habitantes Arelati… venerint, amen.*

978 env. Publ. par D. Mabillon, *Vetera Anal.*, p. 162.—[Mss. Cartul. de St-Hugues, Iᵉʳ, nᵒ 25, IIIᵒ app., nᵒ 5.—Cf. R. gen., 132]. — Notes.

XCV. Notice d'une charte par laquelle Burcard, archevêque de Lyon, ordonne de rendre à l'abbaye de Savigny les biens qui lui avaient été enlevés : *Notitia s. verpitio… Dum id. archimandrita… rogavit.*

979 env. Extr. du Cartulaire des archives abbatiales de cette maifon, nᵒ 427. — [Ed. Bernard, *Cart. de Savigny*, nᵒ 429].

XCVI. Inféodation faite par Thibaud, archevêque de Vienne, de quelques terres de ce chapitre à Vuolbert & fon fils Odon : *In nᵒ D. æt. & S. n. J. C. Theutbaldus archiepifc… Ado notar. dat. non. april., an. 47 regn. Chuondrad r.*

983. Extr. du Cartulaire du chapitre de la cathédrale de Vienne, p. 8.—[Ed. U. Chevalier, *Coll. de Cart. Dauph.*, t. I, p. 246].

XCVI. Confirmation accordée par l'empereur Othon II à l'abbé Mayeul, de la donation des terres de Colmar & Hittenheim en Alface, faite par l'abbaye de Payerne : *In nᵉ s. & i. Tr. Otto imper. aug. Omnium fidelium…. Hildibaldus epifc. & cancel. vice Villigifi archicapell. Dat. 17 kal. jul. an. D. I. 983, ind. 11, a. regni II Ott. 25, imp. 15 ; act. Veronæ.*

983. — [Ed. *Hift. patriæ Monum.*, Ch. t. II, p. 51. — Cff. Bœhmer, R. I., 613; R. S. R., 201; Sch. Urk., 1126].

XCVIII. Échange entre les chanoines de Saint-Maurice & le chevalier Richard, fait de l'autorité du roi Conrad : *Conradus g. D. p. rex. Notum effe…. Anfelmus diac.*

& cancel. ded. an. I. D. 983, regni Chonr. 46; act. 9 cal. oct. hic in Agauno.

983. Extr. des Archives de l'abbaye de St-Maurice. — [Ed. *Hist. patriæ Monum.*, Ch. t. II, c. 50. — Cff. Bœhmer, R. K., 1514; R. S. R., 202; Sch. Urk., 1127]. — Notes (13).

XCIX. Donation faite à l'abbaye de Cluny par Uldric & sa femme : *Omnis homo... Aldebaldus lev. ad vic. cancell. scr., regn. Cohunrado an. 48.*

984. Extr. du Cartulaire de cette abbaye A, p. 195, nᵒ 168. —

C. Inféodation d'un manse situé à Nenda dans le comté de Valais, faite par le roi Conrad : *In nᵒ s. & i. Tr. Chonradus rex Burgundionum, an. regni ej. 48, I. D. n. J. C. 985, ind. 13, epac. 26, cum d. rex esset in Agauno. 14 kal. april.... Anselmus jus. regis ded.; act. in Agauno.*

985. Extr. des Archives de l'abbaye de St-Maurice. — [Ed. *Hist. patriæ Monum.*, Ch. t. I, c. 268, & t. II, c. 52.— Cff. R. S. R., 204; Sch. Urk., 1138]. — Note.

CI. Confirmation accordée par l'empereur Othon III à l'abbaye de Payerne, dès donations faites par ses prédécesseurs : *In nᵒ s. & i. Tr. Otto d. f. cl. rex. Si aliquid... Hildibaldus episc. & cancel. vice Villgisi archicapel. Dat. 8 kal. nov. an. D. I. 986, an. III Ot. regn. 3; act. Gruona.*

986. — [Ed. Schœpflin, *Als. dipl.*, t. I, p. 133. — Cff. Bœhmer, R. I., 643; R. S. R., 206; Sch. Urk., 1139].

CII. Donation faite par Artald, comte de Lyon, à l'abbaye de Savigny, de quelques terres dans le Lyonnais : *In D. nᵒ. Ego Artaldus comes.... Dat. p. m. Gerbini mon. men. mart., regn. Condrado r.*

988 env. Extr. du Cartulaire des Archives abbatiales de cette maison, nᵒ 435. — [Ed. Bernard, *Cart. de Savigny*, nᵒ 437]. — Note.

CIII. Donation faite à l'abbaye de Cluny par Vuillelme ou Guillaume, comte ou duc ou marquis de Provence & gouverneur du royaume de Bourgogne : *Auctoritas nobis... Act. 5 id. sept. regn. Conrado r... Pontius scr.*

990 env. Extr. du Cartulaire de Cluny A, p. 164, n° 6. — Note (14).

CIV. Donation faite par Conrad roi de Bourgogne au monaftère de Saint-André-le-Bas: *In n° D. n. J. C. Chuonradus... fer. rex. Si aliquid... Kerardus fac. reg. capell. ad vic. Haimonis Valentin. epifc. archicanc. Dat. kal. dec., non dec., id. jan. fub pontif. Thietpaldo, an. ab I. D. n. J. C. 992, ind. 4, epac. 20, regn. Chuon. 38 an.*

992. Publ. par D'ACHÉRY, [*Spicil.*], t. III, p. 380, & par D. BOUQUET, [*Rec.*], t. XI, p. 540. — [Mss. BALUZE, t. LXXV, f° 419 v°; *Chartul. 5214*, p. 201. — Ed. U. CHEVALIER, *Coll. de Cart. Dauph.*, t. I, p. 177. — Cff. Bréquigny, I, 490; R. S. R., 209]. — Note (15).

CV. Donation faite par Rodolphe III à l'abbaye de Saint-Maurice : *In n° s. & i. Tr. Rodulphus rex. Maximum regni... Anfelmus cancell. not. an. I. D. 993, regni d. r. 1; act. in Siaco, prid. kal. april.*

994. Vérifiée fur une Copie originale dans les archives de cette abbaye. [Ms. FONTANIEU, *Preuv.*, t. I, p. 181. — Ed. FURRER, *Gefch. ub. Wallis*, t. III, p. 29. — Cff. Bœhmer, R. K., 1515; R. S. R., 214; Sch. Urk., 1155]. — Note (16).

CVI. Inveftiture accordée par Humbert, évêque de Grenoble, au comte Manaffès & Hermengarde, fa femme, de plufieurs terres dans le Genevois: *In n° D. æt. & S. n. J. C. Humbertus fubl... Othgerius presb. fcr. 12 kal. jul. ad vic. Humberti epifc.*

994 env. Publ. par CHORIER, [*Eftat polit.*], t. II, p. 87. — [Mss. *Cartul. de* S¹ HUGUES, II°, n° 118, III°, n° 39. — Ed. DESSAIX, *Savoie*, t. I, p. 192. — Cff. R. S. R., 265; R. gen., 145].

CVII. Confirmation des priviléges des chanoines de Romans accordée par Thibaut archevêque de Vienne : *In n° s. & i. Tr. Teuthbaldus s. Vien. eccl... loco in epifcopio Lugdunen., in finod. conventu, an. D. I. 994... Act. in bafil. S¹ Romani, in loco q. voc. Anfa v. territ. Lugdun. publ. in concil. an. feq. (al. curr.), an. 2 Rodulfi r...*

994. Extr. du Cartulaire de cette maifon. — [Ed. GIRAUD, *Effai hift.*, 1ʳᵉ part., pr. p. 28].

CVIII. Donation faite au monaftère de Cluny par Humbert & par Adélaïde fa fœur, femme du comte Bofon & mère du comte Humbert : *Dum in hujus... Adalelmi.*

995 env. Extr. du Cartulaire de Cluny B, p. 58, nº 311. — Note.

CIX. Donation faite à l'églife de Vienne par Guigues comte d'Albon & fa femme Frédeburge : *SS. matri Dei... Rotboldus dat. in d. 7 men. fept. an. 3 regn. Rodulfo r.*

995. Extr. du Cartulaire de ce chapitre, p. 46. — [Ed. U. CHE-VALIER, *Coll. de Cart. Dauph.*, t. I, p. 248]. — Note (17).

CX. Donation de la moitié du château de Vizille faite par Humbert, évêque de Grenoble, à l'abbaye de Cluny : *Notum fit omn... Fact. an. ab I. D. 991, regn. Rodulfo r. an. 3.*

995. Extr. du Cartulaire [de Cluny] B , p. 20, nº 80. — [Cf. Ms. D. ESTIENNOT, *Fr. Hift. Aquit.*, t. VI, p. 54. — Voir la pièce annexe nº V]. — Note (18).

CXI. Diplôme de Rodolphe III roi de Bourgogne , par lequel il donne le comté de Tarantaife à l'archevêque Amizon: *In nº s. & i. Tr. Rodulphus œt. j. m. rex. Dum in primordio... Anfelmus reg. cancel. fcr. an. D. I. 996, ind. 10, regni Rod. 3; act. in Agauno.*

996. — Publ. par MURATORI, *Antiq. Ital.*, t. V , p. 416, & par BESSON. [Ed. *Hift. patriæ Monum.*, Ch. t. I, p. 304. — Cff. Bœhmer, R. K., 1517 ; R. S. R., 222].

CXII. Charte du roi Rodolphe III par laquelle il rend le village de Vibra à l'évêché de Laufanne : *In nº s. & i. Tr. Ruodolphus hum. rex. Juftis dom. imperat... [.......] cancel. rec. an. I. D. 997, regni Ruod. 4; act. in Agauno, 6 id. febr.*

997. Extr. du Cartulaire de Laufanne. — [Ed. ZAPF, *Monum. anecd.*, t. I, nº 33. — Cff. Bœhmer, R. K., 1518 ; R. S. R., 224; Sch. Urk., 1177].

CXIII. Charte de l'empereur Othon III en faveur de l'abbaye de Payerne : *In nº s. & i. Tr. III Otto g. D. Rom. imp. aug. Si fanctis... Hildebaldus epifc. & cancel. vice Willigifi archiepifc. Dat. 8 [id. febr.] an. D. I. 997, ind. 11, a. III Ot. reg. 14, imp. 2; act. Ravennœ.*

H 997. — Publ. par D. HERRGOTT, [*Gen. dipl. Habsb.*], t. II, p. 93. [Ed. SCHŒPFLIN, *Als. dipl.*, t. I, p. 140. — Cff. Bœhmer, R. I., 809; R. S. R., 226 ; Sch. Urk., 1176].

CXIV. Échange fait entre Thibaud, archevêque de Vienne, & Humbert, évêque de Valence: *In n^e D. n. J. C. Placuit atque... Archimbaldus archiclavis Sⁱ Appollinaris dat. 9 [kal.] nov. a. 5 regn. Rodulfo.*

997. Extr. des archives du chapitre de Vienne, Cartulaire, p. 3o. Ms. BALUZE, t. LXXV, f° 337.—Ed. HAURÉAU, *Gal. Chriſt.*, t. XVI, inſtr. c. 18 (19)]. — Note erronée ſur l'évêque Lambert.

CXV. Donation faite par le roi Rodolphe au monaſtère de Cluny, de pluſieurs terres dans les comtés de Lyon, Vienne & Forez: *In n° s. & i. Tr. Rudolfus d. f. cl. regni ten. gubern. pot. Quoniam præclar... Padolfus cancel. ad vic. Purchardi archiepiſc. & archicanc. Act. in Paterniaco, an. I. D. 998, regni Rod. 5.*

998. Extr. de ſon original exiſtant dans les archives abbatiales de Cluny.—[Ed. D. BOUQUET, *Rec.*, t. XI, p. 544.—Cf. R. S. R., 227].

CXVI. Fondation de l'abbaye de Bevey, dans le comté de Neufchâtel, faite par Rodolphe: *Cunctorum potentis... an. ab I. D. 998, 5 a. regni Rodulphi, convocavi... Beroardi.*

998. Extr. de ſon original, n° 113 des archives abbatiales de Cluny; elle eſt p. 2, n° 1 du Cartulaire B.—[Ed. MATILE, *Monum. de Neufch.*, n° 1. — Cff. R. S. R., 228; Sch. Urk., 1181].—Notes.

CXVII. Charte du roi Rodolphe en faveur des chanoines de Romans: *In n° s. & i. Tr. Rodolfus*, ut CXV. *Maximus regni... Padulfus cancel. Act. Romanis, an. I. D. 999, ind. 12, regni Rod. 6.*

999. Extr. du Cartulaire de ce chapitre, p. 13. — [Ed. GIRAUD, *Eſſai hiſt.*, 1re part., pr. p. 20. — Cf. R. S. R., 2547].

CXVIII. Donation par le roi Rodolphe III à Hugues, évêque de Sion, du comté de Valais: *In n° s. & i. Tr., P. & F. & S. s. a. Rodulphus ſer. rex. Regni noſtri... Act. Curteſin, an. D. 999, regni [Rod. 6].*

999. Extr. d'un ms. de la Biblioth. du roi de France coté n° 114, p. 61, intitulé : « Titres, actes & mémoires touchant le pays de Vallay & particulièrement pour le différend entre l'évêque de Sion & ceux dudit pays de Vallay ».—[Ed. FURRER, *Geſch. üb. Vallis*, t. III, p. 3o. — Cff. R. S. R. 233; Sch. Urk., 1184]. — Note ſur ſaint Théodule (cf. n° 11).

TOME SECOND

—

(1000-1276).

I. Inféodation faite par Burchard, archevêque de Lyon & abbé de Saint-Maurice, & auſſi par Anſelme ſon frère, évêque d'Aoſte & prévôt de ladite abbaye, à Gauſlin dans les comtés de Valais & de Vaud : *In n° D. œt. Burchardus Lugdun. eccl... Suꝛo diac. atq. S¹ Maur. can. 7 fer., kal. nov. comp. a. 9 Rodulphi regn.*

1002. Extr. d'une ancienne copie de l'abbaye de St-Maurice. — [Ed. *Hiſt. patriæ Mon.,* Ch. t. II, p. 84. — Cff. R. S. R., 240 ; Sch. Urk., 1190]. — Notes [voir *Les trois Burchard* de M. DE GINGINS].

II. Échange & inféodation faite par l'archevêque Burcard, abbé de Saint-Maurice, dans le comté de Vaud : *In n°, ut* 1... *Suꝛo d. & S¹ M. c. 7 kal. jul. comp. a. 9 regn. Rodulpho ; act. Agauni, d. jov., luna 10.*

1002. Extr. des archives de l'abbaye de Saint-Maurice. — [Ed. *Hiſt. patriæ Mon.,* Ch. t. II, p. 83. — Cff. R. S. R., 244 ; Sch. Urk., 1195]. — Notes.

III. Inféodation faite par l'archevêque Burchard, abbé de Saint-Maurice, & par l'évêque Anſelme, prévôt : *In n° D. O. Burch. Lugd. eccl... Suꝛo d. S¹ q. M. c. kal. jul. comp. a. 10 regn. Rodolpho ; act. Agauno.*

1003. Extr. des archives de l'abbaye de Saint-Maurice. — [Ed. *Hiſt. patriæ Mon.,* Ch. t. II, p. 90. — Cff. R. S. R., 248 ; Sch. Urk., 1197].

IV. Confirmation accordée par l'empereur Henri II des donations faites à l'abbaye de Payerne : *In n° s. & i. Tr. Henricus d. f. cl. rex. Si ſanctis.... Egilbertus cancel. vice Willigiſi archicapel. Dat. 12 kal. nov. an. I. D. 1003, ind. 1, a. Henr. II r. 2 ; act. in S° Hypolito.*

1003. — Publ. par D. HERRGOTT, [*Gen. Habsb.,* t. II, p. 96. [Ed. GRANDIDIER, *Hiſt. d'Als.,* t. I, p. 196. — Cff. Bœhmer, R. R., 942 ; R. S. R., 249 ; Sch., Urk., 1198].

V. Échange entre Burcard, archevêque de Lyon & abbé de Saint-Maurice, & Anfelme, évêque d'Aofte : *In n° D. œt. Notum fit... Amizo diac. St Maur. can. & cancel., a. regni Rodulphi 12 ; act. in Agauno, d. mart. ante caput jejunii.*

1004. Extr. des archives de l'abbaye de St-Maurice. — [Ed. *Hift. patriæ Mon.*, Ch. t. II, p. 91. — Cff. R. S. R., 256 ; Sch. Urk., 1216]. — Note fur Adélanie.

VI. Fondation de l'abbaye de Saint-Victor de Genève par l'évêque Hugues : *Unicuique mortalium.... gratulari.*

1005. Extr. du Cartulaire de Cluny coté B, p. 13, n° 46. — [Edd. GUICHENON, *Bibl. Seb.*, cent. I, n° 13; MABILLON, *Ann. Ben.*, t. IV, p. 694. — Cff. R. S. R., 290; R. gen., 150]. — Notes.

VII. Inféodation du village d'Octans faite par Rodolphe III au nom de l'abbaye de Saint-Maurice : *In n° s. & i. Tr. Rodulphus d. f. cl. fer. rex. Si fidelium noftr... Amizo cancel. ad vic. Anfelmi archicanc., an. I. D. 1011, ind. 5.*

1006. Extr. des archives de cette abbaye. — [Ed. *Hift. patriæ Mon.*, Ch. t. I, p. 391. — Cff. R. S. R., 270 ; Sch. Urk., 1221]. — Notes.

VIII. Donation faite au monaftère de Cluny par Rotbald marquis de Provence : *Omnibus in X°... Aimericus presb. fcr.*

1006 env. Extr. du Cartulaire B, p. 16, n° 56. — Note (20).

IX. Donation faite au monaftère de Cluny par Tetberge, femme d'Artald, comte de Lyon : *Quifquis Deo... Act. m. mart., regn. Rodulfo a. 17. Rotbertus fcr.*

1009. Extr. du Cartulaire de Cluny B, p. 114, n° 703. —

X. Charte de Rodolphe III, roi de Bourgogne, par laquelle il rend à l'églife de Laufanne une partie du village d'Evonant : *In n° s. & i. Tr. Rodulfus d. f. cl. rex. Sanctas Dei... Radulfus cancel. Dat. 15 kal. febr., luna 30, an. ab. I. D. 1009, regn. Ruod. a. 17; act. Urbœ.*

1009. Extr. du Cartulaire de l'églife de Laufanne. — [Ed. *Mém. Suis. Rom.*, t. VI, p. 237. — Cff. Bœhmer, R. K., 1521; R. S. R., 263; Sch. Urk., 1231].

XI. Donation faite par le comte Gérald, fils d'Artald

comte de Lyon, à l'abbaye de Savigny : *In D. n°. Ego Geraldus comes... Silvionis.*

1010. Extr. du Cartulaire des archives abbat. de Savigny, n° 604. — [Ed. BERNARD, *Cart. de Savigny*, n° 602. — Cf. Bréquig., I, 517].

XII. Donation faite par le roi Rodolphe à l'abbaye de Romain-Moutier au diocèse de Lausanne : *In n° s. & i. Tr. Rodulphus d. f.cl. fer. rex. Notum fit... Act. in villa Paterniaco, d. domin. 12 kal. marc., luna 12, an. ab I. D. 1009. Albertus jus. regis in vice Rodulphi cancel.*

1010. Extr. d'une Copie authentique aux archives de Cluny, au tiroir étiqueté de Lausanne. — [Ed. *Mém. Suis. Rom.*, t. III, p. 426. — Cff. R. S. R., 264; Sch. Urk., 1234]. — Note.

XIII. Donation faite par le roi Rodolphe III à la reine Hermengarde : *In n° s. & i. Tr. Rodulfus D. cl. rex. Notum fit.... Aquis vil.... Paldolfus cancel. Dat. 8 kal. mai., luna 17, an. ab I. D. 1011, regn. Rod. a. 19.*

1011. Extr. du Cartulaire du chap. de la cathédr. de Vienne, p. 9. [Mss. Original à la Préfecture de l'Isère; BALUZE, t. LXXV, f° 321; *Chartul. 5214*, p. 117. — Edd. MATILE, *Mon. de Neuch.*, n° 798; voir la pièce annexe n° VI. —Cff. R. S. R., 266; R. gen., 151; Sch. Urk., 1235; Chevalier, C. de C. D., I, 250]. — Note.

XIV. Donation faite par Rodolphe, roi de Bourgogne, à Hermengarde son épouse : *In n°, ut XIII... Viennam metrop... Pald. canc. Dat. 8 k. mai., luna 17, a. ab I. D. 1011, regn. Rod. a. 19; act. Aquis.*

1011. Extr. du Cartulaire [du chapitre de Vienne], p. 9, & revue fur l'Original dans les archives de l'archevêché de Vienne, fous les n°⁵ 691 & 674. — [Ed. CIBRARIO e PROMIS, *Doc.* p. 15. — Cff. R. S. R., 267; Chevalier, C. de C. D., I, 250]. — Note (21).

XV. Donation faite par le roi Rodolphe à l'église de Vienne, de la terre de Luzinay : *In n° s. & i. Tr. Rodulfus d. cl. p. rex. Honorificos proeced... Dat. 5 kal. aug., luna 27, an. I. D. 1011, regn. Rod., Paldolfus cancel., a. 19; act. Urboe.*

1011. Extr. du Cartulaire de ce chapitre, p. 10. [Ms. *Chartul. 5214*, p. 113. — Ed. U. CHEVALIER, *Coll. de Cart. Dauph.*, t. I, p. 251].

XVI. Donation du comté de Vaud faite par Rodolphe

III à l'évêché de Lauſanne : *In nº s. & i. Tr. Ruodolfus d. f. cl. ſer. rex. Juſtis fidelium... Paldolfus cancel. Dat. 8 kal. ſept., an. I. D. 1011, ind. 5, regn. Ruod. a. 19; act. Viveſci.*

1011. Extr. du Cartulaire ms. de l'égliſe de Lauſanne. — [Edd. *Mém. Suis. Rom.*, t. VII, p. 1, fac-ſim.; *Hiſt. patriæ Monum.*, Ch. t. II, p. 105. — Cff. Bœhmer, R. K., 1522; R. S. R., 269; R. gen., 153; Sch. Urk., 1237]. — Notes.

XVII. Donation du prieuré de Saint-Laurent faite par Humbert, évêque de Grenoble, au monaſtère de Saint-Chaffrey : *Notum fit omnibus... Fact. an. ab I. D. 1012, fer. 5, luna 25, ind. 10, epac. maj. 3, min. 25, conc. 3, ciclo XIX " 6.*

1012. Publ. par D. MABILLON, *Dipl.*, p. 580. — [Mss. BALUZE, t. LXXV, fᵒˢ 215 & 236; D. ESTIENNOT, *Fr. Hiſt. Aquit.*, t. III, p. 272; *Caumart. 5456 A*, p. 30. — Ed. U. CHEVALIER, *Doc. inéd. A. D.*, 6ᵉ liv., p. 17. — Cff. Georg., I, 317; Bréquig., I, 525].

XVIII. Reſtitution & donation faites par Rodolphe III au monaſtère de Saint-André-le-Bas à Vienne : *In nº s. & i. Tr. Ruodulfus d. p. ſer. rex. Juſtis fidelium... Paldolfus cancel. Dat. prid. id. april., an. I. D. 1015, regn. Ruod. a. 20; act. Aquis.*

1012. Publ. par D'ACHÉRY, *Spicil.*, t. III, p. 386. — [Ms. *Chartul. 5214*, p. 211. — Ed. U. CHEVALIER, *Coll. de Cartul. Dauph.*, t. I, p. 181. — Cff. Bréquig., I, 528; Bœhmer, R. K., 1525; R. S. R., 277. — Note (22).

XIX. Donation faite par le roi Rodolphe à l'égliſe de Vienne : *In nº s. & i. Tr. Rodulfus d. cl. s. rex. Sanctas Dei... Paldolfus cancel. Dat. 14 kal. jul., luna 7, an. ab I. D. 1013, regn. Rod. [a.] 20; act. Murati.*

1013. Extr. du Cartulaire du chapitre de la cathédrale de Vienne, p. 11. [Mss. BALUZE, t. LXXV, fᵒ 382 vᵒ; *Chartul. 5214*, p. 129; FONTANIEU, *Preuv.*, t. I, p. 217. — Ed. J. A BOSCO, *Flor. Bibl.*, l. x., p. 61. — Cff. Bréquig., I, 525; Bœhmer, R. K., 1524; R. S. R., 276; Sch. Urk., 1245].

XX. Donation de l'égliſe de Saint-Véran faite à l'abbaye de Savigny par Evrard évêque de Maurienne : *Ego in Dei nº Evrardus... Dat. 3 kal. jul., fer. 2, a. 17 regn. Rodulfi.*

1013. Extr. du Cartulaire des archives abbat. de Savigny, n° 584. — [Ed. Bernard, *Cartul. de Savigny*, n° 582. — Cf. Bréquig., I,544]. — Note fur Evrard & chronol.

XXI. Donation faite par le roi Rodolphe à la reine Hermengarde de plufieurs terres dans le comté de Savoie : *In n° s. & i. Tr. Rodolfus D. cl. fer. rex. Juftis fidelium.... Paldolfus cancel. Dat. 9 kal. mart., an. ab I. D. 1014, regni Rod. 23; act. Logis caftello.*

1014. Extr. du Cartulaire du chapitre de la cathédrale de Vienne, p. 9. [Ms. *Chartul. 5214*, p. 125. — Ed. U. Chevalier , *Coll. de Cart. Dauph.*, t. I, p. 253]. — Note.

XXII. Donation faite par le roi Rodolphe à l'églife de Vienne : *In n° s. & i. Tr. Rodulfus d. f. cl. rex. Notum fit... Paldolfus cancel. Dat. 5 id. fept., an. I. D. 1014, regni Rod. 22; act. Paterniaco.*

1014. Extr. du Cartulaire du chapitre de la cathédrale de Vienne, p. 11. [Ms. *Chartul. 5214*, p. 137. — Ed. U. Chevalier, *Coll. du Cart. Dauph.*, t. I, p. 252].

XXIII. Fondation du prieuré de Moirans faite par Humbert, évêque de Grenoble : *In n° fum. Opif. mundi... Fact. 4 kal. mart., a. 23. ex quo Radulfus rex contin. regn. Alamannorum...*

1015. Publ. par Chorier, [*Eftat polit.*], t. II, p. 79. — [Ms. *Cartul.* de St Hugues, Ier, n° 33. — Ed. Mabillon, *Ann. Bened.*, t. IV, p. 730].

XXIV. Seconde fondation du monaftère de Taloire par Rodolphe III : *In n° s. & i. Tr. Rodulphus d. f. cl. rex. Rebus noftris... Paldolfus cancel. rec.*

1016. Revue fur l'Original dans les archives de Lémenc. — [Ed. *Hift. patriæ Mon.*, Ch. t. II, c. 184; Bernard, *Cart. de Savigny*, n° 638. — Cff. R. S. R. , 326; R. gen., 155]. — Longue note [voir R. S. R., 279].

XXV. Donation faite par le roi Rodolphe à la reine Hermengarde, d'Aix, Lémenc & autres lieux dans le comté de Grenoble foit (ou) de Savoie : *In n° s. & i. Tr. Rodulfus d. n. rex. Notum fit.. Act. civit. Argentina, an. I. D. 1014, a. Rod. 24. Franco vice Padolfi canc. rec.*

1016. Extr. des archives du chapitre de la cathédr. de Vienne, p.

9 du Cartulaire. [Ms. *Chartul. 5214*, p. 133. — Ed. U. CHEVALIER, *Coll. de Cart. Dauph.*. t. I, p. 253]. — Note (23).

XXVI. Inféodation par l'archevêque Burcard & par Anselme évêque d'Aofte : *In X[t] n°. Not. fit... poffideaut.*

1016 env. Extr. des archives de l'abbaye de St-Maurice. — [Ed. *Hift. patriæ Mon.*, Ch. t. II, c. 110. — Cff. R. S. R., 272 ; Sch. Urk., 1239].

XXVII. Reftitution faite par le roi de Bourgogne à l'abbaye de Saint-Maurice des terres dont fes prédéceffeurs s'étaient emparés : *In n° D. œt. & S. n. J.C. Rodulfus D. g. Burgundionum rex. Quicumque in... Amizo cancel. ad vic. Anfelmi archicanc. An. D. I. 1017, regn. Rod. 24, d. fabb. 15 kal. mart., luna 18, ind. 1 ; act. in Agauno.*

1018. Collat. fur l'Original dans les archives de cette abbaye. — Ed. J. GREMAUD, *Mém. de Frib.*, 1857, p. 357. — Cff. R. S. R., 280 ; R. gen., 156 ; Sch. Urk., 1253]. — Longue note.

XXVIII. Donation faite par Girinus à l'abbaye de Savigny, de l'églife de Saint-Julien dans le Forez : *Dum immoramur... Act. a. ab I. D. n. J.C. 1018.*

1018. Extr. du Cartulaire des archives abbat. de cette maifon, n° 654. — [Ed. BERNARD, *Cart. de Savigny*, n° 652].

XXIX. Inféodation d'un domaine à l'abbaye de Saint-Maurice faite par le roi Rodolphe III à Amizo : *In n° s. & i. Un. Rodulfus d. p. cl. rex. Notum effe... Act. Pinpeningis, d. domin., an. I. D. n. J.C. 1019, a. regn. Ruod. 26. Franco vice Pandolfi cancel.*

1019. Extr. du Cartulaire de ladite abbaye. — [Ed. *Hift. patriæ Mon.*, Ch. t. II, p. 112. — Cff. Bœhmer, R.K., 1526 ; R. S. R., 286 ; Sch. Urk., 1259]. — Notes.

XXX. Inféodation faite par Anfelme, évêque d'Aofte & prévôt de Saint-Maurice : *In n° D. œt. Anfelmus Auguft. epifc... Girardus cancel. compl. d. domin. 8 kal. nov. ; act. Agauno.*

1019. Extr. des archives de ladite abbaye. — [Ed. CIBRARIO e PROMIS, Doc. p. 11. — Cf. Sch. Urk., 1166 (à 996)]. — Note.

XXXI. Donation d'Otton-Guillaume, comte de Bourgogne & de Mâcon, faite au monaftère de Saint-Bénigne de Fructuaria : *Fragilitas humanæ... Act. Burgundiæ villa* *q. Portus dic., an. 1. D. 1019, ind. 2, imper. Henrico aug., 5 kal. nov. Fulchardus notar. rec.*

1019. — Publ. par GUICHENON, *Bibl. Seb.*, cent. II, n° 30. [Ed. *Hift. patriæ Mon.*, Ch. t. I, c. 428]. — Note fur Otton-Guill. & rectific. de M. de G. [Voir *Mém. Suis. Rom.*, t. XX, p. 475-97].

XXXII. Fondation du prieuré de Port faite par Otton-Guillaume & fes fils en faveur de l'abbaye de Cluny: *Quamdin omnes... Borgerius.*

1019 env. Extr. du Cartulaire de cette abbaye B, p. 12, n° 37. — Longue note fur Otton-Guillaume.

XXXIII. Donation faite par Robert, comte de Genève, à l'abbaye de Peillonnex: *SS. ecclefiæ perpet... Hugo epifc. de Geneva per. d. domin. miffam cantab. fup. alt. Sᵗ Petri princ. apoft... Benedictus s. cath. & apoft. eccl...*

1020 env. Publ. par GUICHENON, *Bibl. Seb.*, [cent. I, n° 40. — Cf. R. gen., 159]. — Differtation fur les comtes de Genève.

XXXIV. Lettres de fauvegarde accordées à l'abbaye de Taloire par Gérold ou Bérold, gouverneur du royaume d'Arles: *Beroldus de Saxonia prorex Arelat... Act. in eo loco de Taluveriis.., a. 1020, in m. jul.*

1020. Publ. par D. Martène, [*Thes. anecd.*, t. I, p. 140], & vérifié fur une copie du xviᵉ fiècle. — [Ed. *Hift. patriæ Mon.*, Ch. t. I, c. 431. — Cf. R. S. R., 292]. — Differtation fur Bérold de Saxe.

XXXV. Inféodation faite par Humbert, évêque de Langres, au comte Humbert & à fes deux fils: *In n° P. & F. & S. s. Ecclefiarum Dei... Act. Lingonis publ., a. I. V. 1022, ind. 5, 6 id. april., [regn. Ro]berto. Odolricus fcr.*

1022. Collat. fur l'Original dans les archives roy. de Turin. — [Ed. *Hift. patriæ Mon.*, Ch. t. I, c. 436. — Cff. R. S. R., 294; R. gen., 165; Sch. Urk., 1262]. — Note fur cet Humbert.

XXXVI. Donation faite au monaftère de Saint-André de Vienne par Burcard & par Aimon fon fils: *SS. Dei eccles... Dat. p. m. Fanuel, in m. jun., regn. Rodulfo a. 30.*

1022. — Publ. par GUICHENON, [*Hift. de Sav.*, pr.] p. 7. [Ed. U. CHEVALIER, *Coll. de Cart. Dauph.*, t. I, p. 154. — Cff. Bréquig., I, 556; R. S. R., 296]. — Note (24).

XXXVII. Donation faite à l'abbaye de Savigny par Béliarde & fes deux fils de quelques terres dans le Forez : *In D. n°. Ego Beliardis... Dat. p. m. Gauʒeranni mon., regn. Henrico imper.*

1023 env. Extr. du Cartulaire des archives abbat. de Savigny. — [Ed. Bernard, *Cart. de Savigny*, n° 86]. — Note chronol. dans laq. mention de la ch. fuiv. & des n° 663 [661] & 673 [671] du Cartul.

XXXVIII. Donation faite par Aleɛtrude à l'abbaye de Savigny : *SS. Dei eccles... Dat. p. m. Gauʒeran. m., a. 1023 I. J. C.*

1023 env. Extr. du Cartulaire des archives de cette abbaye. — [Ed. Bernard, *Cart. de Savigny*, n° 112].

XXXIX. Donation faite par le roi Rodolphe à l'églife de Vienne, du comté de ce nom & du château de Pupet : *In n° s. & i. Tr. Rodulfus d. f. cl. rex. Quia igitur... Albker presb. jus. reg. fcr. Aɛt. 18 kal. oɛt. an. ab I. D. 1023, regn. Rod. a. 30 ; dat. in vico Urba q. alio vocab. dic. Tabernis.*

1023. Publ. par D. Bouquet, [*Rec.*, t. XI, p. 549], & revue fur le Cartulaire du chapitre de la cathédr. de Vienne, p. 9. — [Mss. Baluze, t. LXXV, f° 382 v°; *Chartul. 5214*, p. 161; Fontanieu, Preuv. t. I, p. 221. — Cff. R. S. R., 295; Sch. Urk., 1264].

XL. Charte de l'empereur Conrad II en faveur de l'abbaye de Payerne : *In n° &c. Chuonradus d. f. cl. rex. Si fanɛtis.... Udalricus cancel. vice Aribonis archicapel. Dat. 5 id. fept., a. D. I. 1024, ind. 7, regni 1 ; aɛt. Mogonitiœ.*

1024. — [Ed. Schœpflin, *Als. dipl.*, t. I, p. 155. — Cff. Bœhmer, R. R., 1257; R. S. R., 297; Sch. Urk., 1268].

XLI. Donation faite à l'abbaye de Savigny par Anfelme, du confentement de fa mère Adélaïde & de fon frère Gimfred, des terres qu'il avait aux comtés de Vaud, d'Aofte, de Valais & de Varafque : *Dum hujus mundi... Aɛt. Laufonnœ, an. ab I. D. 1025, regn. Rodulfo a. 33. Frehardus fubdiac. in vice Pandulfi canc. dat. d. jov.*

1025. Extr. du Cartulaire des archives abbat. de Savigny, n° 643. — [Ed. Bernard, *Cart. de Savigny*, n° 641].

XLII. Échange fait par Humbert & Burcard, le premier

comte, le fecond évêque de la vallée d'Aofte, avec Frecio :
*In X[1] n°, placuit atq... Dodo presb. vice Mannovi præpos.
& cancel. fcr. in d. merc. 16 kal. dec., Rodulfo regn. a.
33, ind. 10.*

1026. Extr. des archives de l'abbaye de St-Maurice & publ. par
Guichenon, *Hift. de Sav.*, pr. p. 4. — [Ed. *Hift. patriæ Mon.*, Ch.
t. II, c. 115. — Cf. R. S. R., 305]. — Note fur l'évêque d'Aofte
Burcard.

XLIII. Charte de l'empereur Conrad II en faveur de
l'abbaye de Payerne : *In n° s. & i. Tr. Chunradus d. f. cl.
Rom. imp. aug. Si fanctis... Hugo cancel. vice Aribonis
archiepifc. & archicanc. Dat. a. D. I. 1027, regni Ch. II
3, imp. 1, ind. 10 ; act. Romæ.*

1027. — Publ. par D. Herrgott, [*Gen. dipl. Habsb.*], t. II, p.
108. [Ed. Schœpflin, *Als. dipl.*, t. I, p. 156. — Cff. Bœhmer, R. I.,
1314; R. S. R., 309; Sch. Urk., 1285].

XLIII. Inféodation faite par Burcard, archevêque de
Lyon & abbé de Saint-Maurice, & par Burcard fon neveu,
évêque d'Aofte & prévôt de ladite abbaye, d'une terre dans
le comté des Équeftres : *In n° D. æt. Burchardus Lugdun.
archiep... Petrus vice lev. Leutoldi cancel. comp. 4 id.
mart., luna 2, a. reg. Rodulphi 34.*

1027. L'original eft dans les archives de l'abbaye de St-Maurice.
— [Ed. *Hift. patriæ Mon.*, Ch. t. I, c. 449. — Cff. R. S. R., 303;
R. gen., 169; Sch. Urk., 1279]. — Notes.

XLV. Inféodation du village de Suirarcemberg faite par
l'archevêque Burcard : *Burchardus Lugdun. archiep...
Act. in Pinprinzo, 8 kal. maii, d. jov. luna 15, [a.] X[1]
1027, Rodulphi r. 34.*

1027. Extr. des archives de l'abbaye de Saint-Maurice. — [Ed.
Hift. patriæ Mon., Ch. t. II, c. 118. — Cff. R. S. R., 311; Sch.
Urk., 1287]. — Note.

XLVI. Donation faite par le roi Rodolphe à l'églife de
Vienne : *In n° s. & i. Tr. Rodulfus rex. Notum fit... Pal-
dolfus cancel. Dat. 6 kal. jan., a. I. D. 1028, regni
Rod. 35.*

1028. Extrait du Cartulaire de ce chapitre, p. 10. [Ms. *Chartul.
5214*, p. 165. — Ed. D. Bouquet, *Rec.*, t. XI, p. 551. — Cff. Bréquig., I, 560; R. S. R., 313].

XLVII. Charte du roi Rodolphe par laquelle il donne l'églife de Saint-Blaife à l'abbaye de Cluny : *In n° s. & i. Tr. Rodulfus D. g. rex. Igitur cum... Albker presb. jus. reg. fcr. Aĉt. in villa Tabernis q. alio vocab. propt. fluv. ib. defluent. Urba app.; dat. 19 kal. febr., a. ab I. D. 1029, regn. Rod. a. 35.*

1029. Extr. de fon Original exiftant dans les archives abbat. — [Ed. D. Bouquet, *Rec.*, t. XI, p. 551. — Cff. R. S. R., 314; Sch. Urk., 1295. — Voir une autre ch. de 1019 : Bœhmer, R. K., 1527; R. S. R., 291; R. gen., 158].

*XLVIII. Fondation du prieuré de Saint-Maurice de Maltacène, nommé par la fuite Le Bourget, faite par le comte Amédée & par Adélaïde fa femme : *In n° D. n. J. C., regn. Rodulpho a. 37, I. D. an. 1030, 11 kal. nov., luna 20, ego Amedeus... Anfelmi.*

1030. Publ. par Guichenon, [*Hift. de Sav.*, pr., p. 8], & vérifiée fur la copie authentique qui eft dans la Chambre des comptes à Turin. — [Ed. *Hift. patriæ Mon.*, Ch. t. I, c. 490. — Cf. R. S. R., 317]. — Notes.

*XLIX. Donation faite par le prêtre Bernard d'un manfe à l'églife de Vienne : *SS. Dei eccles... [......] fcr. a. 40 regn. Rodulpho, 4 non. febr.*

1031. Extr. du Cartulaire de ce chapitre, p. 26. — [Ed. U. Chevalier, *Coll. de Cart. Dauph.*, t. I, p. 312]. — Note.

*L. Fondation du prieuré de la Burbanche en Bugey : *Signa Vuldrici... fubnixa.*

1031. Extr. du Cartulaire de Savigny. — [Ed. Bernard, *Cart. de Savigny*, n° 681]. — Notes.

*LI. Donation faite par le chevalier Arnold à l'églife de Vienne : *In n° D. D. œt... Data p. m. Vigerii cancellarii Viennæ fore in m. dec., a. 40 regn. Rodulpho.*

1331. Extr. du Cartulaire de ce chapitre, p. 37. — [Ed. U. Chevalier, *Coll. de Cart. Dauph.*, t. I, p. 311]. — Note.

*LII. Inféodation faite par l'abbé, le prévôt & les chanoines de Saint-Maurice d'Agaune aux enfants du chanoine Tipold : *In n° D. œt. Burchardus Lugdun... laudaverunt.*

1032. Extr. des archives de l'abbaye de St-Maurice. — [Ed. *Hift.*

patriæ Mon., Ch. t. I, c. 499. — Cff. R. gen., 170; Sch. Urk., 1257].
— Notes.

*LIII. Dotation du monaſtère de Taloire faite par la reine Hermengarde, femme de Rodolphe III roi de Bourgogne : *Mundi terminum... Dom. Deo.*

1032. Vérifiée ſur l'Original dans les archives de Lémenc ; cette ch. ſe trouve à la p. 87, n° 641 du Cartulaire de Savigny. — [Edd. *Hiſt. patriæ Mon.*, Ch. t. II, c. 184; BERNARD , *Cart. de Savigny* , n° 639. — Cff. R. S. R., 325 ; R. gen., 182]. — Notes.

*LIV. Seconde fondation du prieuré de Lémenc près de Chambéry : *SS. Dei eccles. Athan... Oddonis.*

1032. Collat. ſur l'ancienne copie qui eſt dans les archives de cette maiſon. — [Ed. GUICHENON , *Hiſt. de Sav.* , pr. p. 4]. — Notes.

*LV. Donation faite par le prêtre Létard aux chanoines de Saint-Ours de la cité d'Aoſte : *Quiſquis in hoc... Faſt. 13 kal. mart. Eyricus presb. a vice Bovoni cancel. in d. jov., regn. Rodulpho a. 41 , ind. 12.*

1032. Extr. du Cartulaire de l'égliſe collégiale de Saint-Ours. — [Ed. *Hiſt. patriæ Monum.*, Ch. t. I, c. 497]. — Notes (25).

*LVI. Inféodation faite par Burcard évêque d'Aoſte : † *Dileſtos in X°... Eyricus presb. a vice Bovonis canc., in d. merc., regn. Rodulpho a. 41, ind. 12.*

1032. Extr. de l'Original qui eſt dans les archives epiſcopales. — Note.

*LVII. Donation faite par Aldeunde, veuve d'Udulard , à l'égliſe de Vienne : *SS. Dei eccles... Dat. Viennæ fore p. m. Petri ſacerd. in m. mart., a. 41 regn. Rodulpho.*

1032. Extr. du Cartulaire de ce chapitre, p. 62. — [Ed. U. CHE-VALIER, *Coll. de Cart. Dauph.*, t. I, p. 312].

*LVIII. Charte de Gautier & ſa femme Bliſmoda en faveur de l'égliſe de Saint-Bernard, lieu dit Spinoſa. — 1032. Le texte manque].

*LIX. Donation faite par Gaufred & Bertrand , comtes de Provence, au monaſtère de Cluny. — 1033. [Manque].

*LX. Donation faite par le comte Humbert & par ſes trois fils au monaſtère de Maltacène, dépendant de Cluny. — 1033. [Manque].

*LXI. Donation fait les dits au dit. — 1033. [Manque].

*LXII. Donation faite au monaſtère de Saint-Juſt de Suſe par le marquis Odon, la comteſſe Adélaïde ſa femme & le comte Humbert. — 1033. [Manque].

*LXIII. Donation d'Aimon de Pierrefort à l'abbaye de Cluny. — 1035. [Manque].

LXIV. Rétabliſſement du monaſtère de Grigny faite par Léger, archevêque de Vienne, en faveur du monaſtère de Saint-Victor de Marſeille : *Cunctis liquido… Fact. an. I. D. n. 1036, ind. 4, epac. 1, a. 8 imp. Rom. Conradi… Nuſpa mon. ad vic. cancel., archiep. Leodeg. dict., ſcr. a. ordinat. ej. 6, 3 non. nov., luna 10, fer. 4. Act. publ. in ſyn. Viennen…*

1036. — Publ. par D. MARTÈNE, *Coll. vett. ſcript.*, t. I, p. 402. — [Cff. Georgiſch, I, 354; Bréquig., II, 13].

LXV. Fondation du prieuré de Coyſe faite par Marie femme d'Hugues : *Divina ſanct… Dat. p. m. Vinzoni mon. in fer. 6, m. nov., a. I. D. 1036.*

1036. — Publ. par GUICHENON, *Hiſt. de Sav.*, pr. p. 663. [Ed. *Hiſt. patriæ Monum.*, Ch. t. I, c. 510]. — Note.

LXVI. Charte par laquelle Léger, archevêque de Vienne, accorde à l'égliſe de Romans le droit d'aſile pour les crimi-nels & confirme quelques autres de ſes priviléges : *In n° s. & i. Tr. Ego Leudegarius… Dat. Romanis in conv. publ., an. ab I. D. n. J. C. 1037, a Paſſ. 1004, ind. 5, 6 non. oct., fer. 1, luna 17, Ces. aug. Cuondradi a. 10, epiſc. Leudeg. necd. finito 7, p. m. Rodulfi ej. primiſcrinii Franci Teoton.*

1037. Extr. du Cartulaire des chanoines de Romans, p. 43. — [Ed. GIRAUD, *Eſſai hiſt.*, 1re part., pr. p. 68].

LXVII. Donation faite par Adémar, comte de Valence, à l'abbaye de Cluny : *Primo homine… [non terminée].*

1037. Ext. du Cartulaire B, p. 14, n° 47. — [Ed. MABILLON, *Ann. Bened.*, t. VI, part. I, p. 576. — Cf. Bréquig., II, 16].

LXVIII. Diplôme de l'empereur Conrad en faveur de l'évêché de Turin, auquel il unit les revenus de l'évêché de Maurienne : *In n° s. & i. Tr. Conradus D. m. imper.*

Sanctarum ecclesiar... Cadelous cancel. vice Herimanni archicanc. Dat. 18 kal. april., an. D. I. 1038, ind. 6, a. Conr. reg. 14, imp. 12; act. Colonia.

1038. Publ. par GUICHENON, *Bibl. Seb.*, [cent. I, n° 92], & collat. sur une Copie originale qui est dans les archives de l'évêché de Turin. — [Ed. MURATORI, *Antiq. Ital.*, t. VI, p. 41.—Cf. Bœhmer, R. I., 1443]. — Note.

LXIX. Charte de l'empereur Conrad en faveur de Léger archevêque de Vienne: *In n. s. & i. Tr. Chuonradus d. f. cl. Roman. imper. aug. Si justis nostrorum... Kadelous cancel. vice Herimanni [archi]canc. Dat. 2 kal. april. an. D. I. 1038, ind. 6, a. Cuon. reg. 14, imp. 13; act. in Spellensi civit.*

1038. Extr. du Cartulaire de ce chapitre, p. 14. [Ms. *Chartul. 5214*, p. 169.—Ed. U. CHEVALIER, *Coll. de Cart. Dauph.*, t. I, p. 260].

LXX. Donation faite par Guichard & Berlion frères & leurs neveux Artald & Étienne au monastère de Saint-Philibert de Tournus, de l'église de Saint-Ferréol dans le diocèse de Vienne: *Ego Guichardus & uxor... Fact. 8 kal. nov., fer. 3, an. I. D. 1038, regn. in Francia Ayndrico; dat. p. m. Bernardi sac. & mon...*

1038. — Extr. de l'*Histoire de St-Philibert de Tournus*, p. 305. [Ed. JUENIN, *Hist. de Tourn.*, pr. p. 125. — Cf. Bréquig., II, 18].

LXXI. Donation de la reine Hermengarde, veuve de Rodolphe III, en faveur du prieuré de Sillingy: *SS. Dei ecclesiæ... alienus.*

1039 env. Extr. du Cartulaire de Cluny B, p. 94, n° 561, & vérifiée sur l'Original dans les archives abbat. — [Ed. CIBRARIO e PRONIS, *Rap.*, p. 102. — Cff. R. S. R., 330; R. gen., 191]. — Note.

LXXII. Fondation du prieuré de Sillingy faite par Sigibold: *Legalibus atque... Girardus scr. an. I. D. 1039, regn. Henrico a. 1.*

1039. Extr. du Cartulaire de Cluny B, p. 13, n° 45. — [Ed. *Hist. patriæ Monum.*, Ch. t. I, p. 525. — Cf. R. gen., 192].

LXXIII. Donation faite par Leto [neveu de Sigibold] pour la fondation dudit prieuré: *SS. Dei ecclesiæ... Giraldus presb. mon. scr. an. ab I. D. n. J. C. 1039, ind. 7, regn. Henrico fil. Cunonis imp. a. 1 imp.*

1039. Extr. du Cartulaire de Cluny B, p. 93, n° 553. — [Ed. *Hiſt. patriæ Monum.*, Ch. t. I, p. 524. — Cff. R. S. R., 347; R. gen., 193].

LXXIV. Donation faite par Humbert comte d'Aoſte & de Maurienne aux chanoines de Saint-Jean & de Saint-Ours : *Licet unicuique... Faƈt. an. ab I. D. 1040, ind. 8... Petrus presb., diƈt. Lamberto lev. a vice Bovoni cancel., ſcr.*

1040. L'original eſt dans les archives roy. de Turin. — [Ed. *Hiſt. patriæ Monum.*, Ch. t. I, p. 530. — Cf. R.S. R., 349]. — Note.

LXXV. Donation d'Amédée, comte de Savoie, faite au monaſtère de Saint-Maurice de Maltacène : *In n° Unig. Fil. Dom. Noverint... juſſerunt.*

1040 env. — Publ. par GUICHENON, [*Hiſt. de Sav.*, pr.] p. 8. — Note.

LXXVI. Donation faite par Amédée, comte de Savoie, & par Adélaïde ſa femme au prieuré du Bourget, relevant de Cluny : *SS. cœnobio Cluniac... habuerit.*

1040 ou 1036 env. Extr. de ſon Original des archives des RR. PP. Jéſuites de Chambéry. — [Voir la pièce annexe n° VII]. — Note.

LXXVII. Donation faite au monaſtère de la Novalèſe par Aimon fils d'Hugues : *Henricus D. g. imper. Roman., 2 a. regni, 15 d. men. mart., ind. 12, monaſt. Sⁱ Petri... An. ab. I. D. J. C. 1042; aƈt. infra caſtrum q. Carboneria dic.; dat. p. m. Joſephi abb. Noval.*

1041. — Publ. par GUICHENON, *Bibl. Seb.*, cent. 1, n° 84. [Ed. *Hiſt. patriæ Monum.*, Ch. t. II, p. 549. — Cf. Bréquig., II, 28].— Notes.

LXXVIII. Donation faite par le comte Hubert & par ſes fils Amédée & Odon au prieuré de Saint-Laurent de Grenoble, à Saint-Chef & à Saint-Pierre de....: *SS. Dei eccleſiæ... Aƈt. 4 id. jun., luna 18, ind. 10, an. ab I. D. 1042, regn. Henrico r...*

1042. Publ. par le préſid. DE BOISSIEU [*Miſcell.*, part. II, p. 92. — Ms. *Cartul.* de St Hugues, Iᵉʳ, n° 19. — Ed. GUICHENON, *Hiſt. de Sav.*, pr. p. 7. — Cff. Bréquig., II, 26; R. S. R., 351].— Notes (26).

LXXIX. Donation faite par Henri marquis de Montferrat & Adélaïde de Suſe ſon épouſe au monaſtère de Saint-

Antonin, d'une églife fituée au bourg de Sainte-Agathe dans la vallée de Sufe : *An. ab I. D. n. J. C. 1043, 13 kal. jun., ind. 11, monaft. &... Act. infra caftrum q. c. infra civit. Taurino fuper porta Secufina...*

1043. Tirée des archives de la chambre des comptes de Turin, vol. II, nᵒ 211, an. 1549, fᵒ 53 *b* & 54. — [Ed. *Hift. patriæ Monum.*, Ch. t. I, c. 550].

LXXX. Donation faite par le marquis Henri & par fa comteffe Adélaïde fa femme à l'abbaye de Cavors : *In nᵉ D. D. & S. n. J. C. Enricus II g. D. rex, a. regni 5, id. jun., ind. 12, monaft... Fact. in villa q. dic. Pinatolio... Aribertus not. s. palat. fcr.*

1044. Communiquée par M. le chevalier de Monroux. — [Ed. *Hift. patriæ Monum.*, Ch. t. I, c. 557]. — Note.

LXXXI. Inféodation faite par Aimon évêque de Sion, prévôt de l'abbaye de Saint-Maurice & comte de Chablais : *In nᵒ P. & F. & S. S. a. Aimo D. g. Sedun. epifc... Popo presb. vice Turiberti cancel. fcr., 8 kal. mart., luna 13, a. 8 regn. Henrico; act. Agauno.*

1046. Extr. d'une très-ancienne copie de l'abbaye de St-Maurice. — [Ed. *Hift. patriæ Monum.*, Ch. t. II, c. 142. — Cff. R. S. R., 356; Sch. Urk., 1335]. — Note.

LXXXII. Donation faite à l'abbaye de Savigny par Gauzerannus de deux églifes dans le Lyonnais : *Omn. Deo fum... Act. in cœnob. Saviniaco, m. jun., fer. 2, ind. 9, 1046 a. ab I. D.; dat. p. m. Stephani Tedini mon. Scr. m. Steph. vice cancel., regn. Rodulfo.*

1046. Extr. du Cartulaire des archives abbat. de Savigny, nᵒ 733. — [Ed. BERNARD, *Cart. de Savigny*, nᵒ 730]. — Note chronol.

LXXXIII. Charte de l'empereur Henri par laquelle il donne à l'abbaye de Cluny le monaftère de Payerne, les terres d'Ethinehim & de Columbra en Alface & plufieurs autres : *In nᵉ s. & i. Tr. Henricus d. f. cl. Rom. imp. aug. Si pauperum... Hugo archicanc. & archiepifc. Dat. 2 non. dec. an. D. I. 1049, ind. 3, a. Henr. III ordinat. 21, regni 11, imp. 3; act. Argentinæ.*

1049. Extr. de fon Original exiftant dans les archives abbat. de

Cluny. — [Ed. GRANDIDIER, *Hiſt. d'Alſ.*, tit. 408. — Cff. Bœhmer,
R. I., 1599; R. S. R., 361; Sch. Urk., 1347].

LXXXIV. Permiſſion accordée par Léger, archevêque
de Vienne, aux chanoines de Romans de bâtir deux nou-
veaux cloîtres : *Evangelica & apoſt... Aĉt. Viennæ in publ.
ſinodo, fer. 3, luna 4, 7 id. mai, p. m. Petri cancel., 1 a.
Leonis pp., Heinrici imp. II Rom. 3, n. pontif. 19...*

1049. Extr. du Cartulaire de Romans, p. 180. — [Ed. GIRAUD,
Eſſai hiſt., 2ᵉ part., pr. p. 51].

LXXXV. Charte de Léger, archevêque de Vienne, en
faveur de l'égliſe de Romans : *Notitia de ecclefia... Dat.
p. m. Petri s. mat. eccles. Viennen. cancel., m. aug., fer.
4, luna 12, Henrico II aug.*

1049. Extr. du Cartulaire de ce chapitre, p. 124. — [Ed. GIRAUD,
Eſſai hiſt., 1ʳᵉ part., pr. p. 161].

LXXXVI. Bulle de S. Léon IX en faveur de l'abbaye de
Saint-Maurice : *In n° D. œt. & S. n. J. C. Leo hum. fer.
s. D...* [non terminée].

1049. Extr. du Cartulaire de cette abbaye. — [Ed. *Hiſt. patriæ
Monum.*, Ch. t. II, c. 148. — Cff. Jaffé, 3229; R. S. R., 364; Sch.
Urk., 1364].

LXXXVII. Bulle de S. Léon IX en faveur de l'abbaye
de Saint-Arnoux de Metz : *Ego Leo fer. s. Dom. Omnibus... Quamvis omn... Dat. id. oĉt. p. m. Udonis s. apoſt.
fedis cancel. & biblioth. & Tullen. primicerii, a. Leon.
IX pp. 1, ind. 2, a. D. I. 1049...*

1049. — Publ. par D. CALMET, *Hiſt. de Lorraine*, t. II. p. cccv.
— [Cf. Jaffé, ccclxxxij]. — Longue note fur le pape St Léon IX.

LXXXVIII. Confirmation accordée par l'évêque Artald
à l'abbaye de Montmajour des droits qu'Iſmidon feigneur
du Royannais lui avait accordés: *Artaldus d. op. cl. Gra-
tianapol. epic... ecles. filiis.*

1050 env. — Publ. par D. MABILLON, *Ann. Bened.*, t. IV, p. 731.
— [Cf. Bréquigny, II, 96].

LXXXIX. Bulle du pape Léon IX en faveur des chanoines de Romans : *Leo S. Rom. eccles. epiſc... Vidimus litteras... Aĉt. Romæ p. m. Petri s. palat. cancel. in*

eccles. Salvatoris q. app. Conſtantiniana, in publ. ſinodo LXXII pontiſc., 5 non. mai.

1050. Extr. du Cartulaire de ce chapitre, p. 5. — [Ed. Giraud , *Eſſai hiſtor.*, Irᵉ part., pr. p. 2]. — Note.

XC. Donation faite au chapitre de Moutiers en Tarentaiſe par Odon marquis de Suſe, fils d'Humbert comte de Maurienne : *P. An. ab I. D. n. J. C. 1051. Ego Oddo marchio D. g... Faɔt. a Comrellio Adam, regn. Enrico a. 13.*

1051. Extr. de ſon Original qui eſt dans les archives dudit chapitre. — [Ed. *Hiſt. patriæ Monum.*, Ch. t. I, c. 572]. — Note ſur le marquis Odon.

XCI. — Bulle du pape Léon IX en faveur de l'abbaye de Romans : *Leo epiſc. ſer. ſ. D. Landrico. Præcipimus... anathema.*

[1052 env.] Extr. du Cartulaire de ce chapitre. p. 1. — [Ed. Giraud, *Eſſai hiſt.*, Irᵉ part., pr. p. 8].

XCII. Accord entre Léger archevêque de Vienne & les chanoines de Romans : *Notitia quæ faɔta... Aɔt. Romanis publ. p. m. Agapiti canon., an. I. D. 1052, ind. 5, 6 kal. febr., ſer. 4, Henrico II imp. Rom. & Ces. regn.*

1052. [Ibid. — Ed. Giraud, *Eſſai hiſt.*, Irᵉ part., pr. p. 8].

XCIII. Élection de Pierre évêque du Puy : *Poſt obitum Steph... Faɔt. a. I. D. 1053, ind. 6, epac. 28, 3 id. mart., luna 18, ſer. 6, ap. Ravennam adivimus... obſecundatore.*

1054. — Publ. par Mabillon , *Ann. Bened.* , t. IV, p. 742. [Ed. *Hiſt. de Languedoc* , t. II, pr. c. 220. — Cf. Bréquig., II , 58]. — Note.

XCIV. Inféodation faite par Belmoin évêque d'Autun au chevalier Humbert : *Induſtria compellit... Girbertus presb. s. Æduen. eccl. canon. ſcr. in d. ven. in penult. april. d. feſto s. Vitalis, a. 24 regn. Henrico.*

1054. — Pub. par le *Gallia Chriſt.* , t. IV, inſtr. c. 79. — [Cf. Bréquigny, II, 60]. — Note.

XCV. Reſtitution faite par Gauthier, fils d'Hugues, à l'égliſe de Romans, des biens qu'il lui détenait : *In diebus Humberti... Dat. p. m. Petri s. Viennen. eccl. cancel. in*

concil. Cabilonen., *a. I. D. n. J. C. 1056, ind. 9, epac. 1,*
Henrico Rom. imp. II, Henrico Franc. rege, id. febr.

1056. Extr. du Cartulaire de ce chapitre, p. 82. — [Ed. Martène, *Thes. anecd.*, t. IV, p. 89].

XCVI. Donation faite au chapitre de Saint-Pierre hors les murs de Vienne par la reine Hermengarde, veuve du roi Rodolphe III : *SS. Dei ecclefiæ... An. 1057 I. D. n. J. C., poft mort. Heynrici imp. II a. 1, fer. 5, luna 18, 12 kal. oct., Dom. regn. & regem expect.*

1057. Extr. d'un Cartulaire coté contenant les bulles et donations en faveur de cette abbaye, f° 168. [Ms. Valbonnais, v° reg., n° 12. — Ed. U. Chevalier, *Coll. de Cart. Dauph.*, t. 1, p. 267]. — Note (27).

XCVII. Fragment d'une bulle du pape Étienne IX en faveur du monaftère de Cluny : *Stephanus epifc. fer. s. D. rev. fil. Hugoni abb... Cuncta loca... Scr. p. m. Gregorii not. & fer. s. Laterpal., in m. mart., ind. 11; dat. Romæ in pal. Later., 2 non. mart., p. m. Humberti s. eccl. Silvæ Cand. epifc. & bibloth. S. R. & A. fedis, a. 1 pont. pp. St. IX, ind. 11.*

1058. — Elle fe trouve auffi p. 15 du *Bullaire de Cluny* impr. à Lyon, 1680. — [Cff. Jaffé, 3323; Sch. Urk., 1383].

XCVIII. Donation faite par Humbert Ier comte de Maurienne, d'Aofte & de Chablais, aux chanoines de Saint-Jean-de-Maurienne : *In n° D. n. J. C. a. Donum quod ego... Berillonis.*

1058 env. Publ. par Guichenon, *Hift. de Sav.*, [pr.] p. 6, & collat. fur une très-ancienne Copie du chapitre. — Notes.

XCIX. Charte de Guiniman, archevêque d'Embrun, en faveur des chanoines de Romans : *Ego igit. in Dei... Dat. p. m. Poncii ad vic. d. cancel. Romanis, 17 kal. fept., fer. 4, luna 15, Nicholao II pp., a. 1060 I. D. n. J. C., ipfo regn. & terr. rege expect.*

1060. Extr. du Cartulaire de ce chapitre, p. 213. — [Ed. Giraud, *Effai hift.*, 1re part., pr. pp. 86 & 208.

C. Notice d'une donation faite à l'abbaye d'Ainay par Conrad ou Cono, fils de Gérold, comte de Genevois & des Equeftres : *Notum fit omn... Engelbertus.*

1061 env. Extr. des archives de Lémenc. — [Ed. *Mém. Hiſt. Gen.*, t, XV, part, 11, n° 2. — ´Cf. R. gen., 209].

CI. Donation d'Aimon, comte de Genevois : *Exemplo igitur... Aimo ſel.*

1080 env. Miſe à la ſuite de la précéd. — [Ed. GUICHENON, [*Bibl. Seb.*, cent. I, n° 69. — Cf. R. gen., 214]. — Notes.

CII. Donation faite au monaſtère de Saint-André-le-Bas de Vienne par Hugues & ſa femme : *Ego in Dei... Regn. Amedeo comite.*

1065 env. — Publ. par GUICHENON, [*Hiſt. de Sav.*, pr.] p. 25. [Ed. U. CHEVALIER, *Coll. de Cart. Dauph.*, t. I, p. 191]. — Note (28).

CIII. Accord fait entre la comteſſe Adélaïde, veuve du marquis Odon & mère de Pierre, Amé & Odon, avec Léger archevêque de Vienne, touchant le droit de battre monnaie au coin de Vienne : *Notitia Viennen. monetæ... Longa per... Dat. p. m. Boſonis ad vic. cancel. & primiſcr. 2 kal. dec. luna 16, fer. 3, Henrico IV rege nund. imper. Ces. & imp. fil., hu¹. marchioniſſæ gen.; rec. p. m. archiep. Leudeg.*

1067. Publ. par D'ACHÉRY, [*Spicil.*, t. III, p. 393], & revue ſur le Cartulaire de Vienne, p. 25. — [Ms. BALUZE, t. LXXV, f° 331 v° & 388]. — Note (29).

CIV. Donation faite par Frédéric, évêque de Genève, à l'abbaye de Romain-Moutier : *In X¹ n°. Notum eſſe... Anſelmus jus. Vuillelmi cancel., regn. juniore Henrico a. 17, ſcr. Genevis, d. ven.*

1072. Extr. d'une Copie authentique des archives de Cluny, dans le tiroir étiquetté de Lauſanne. — [Ed. *Mém. Suiſſe Rom.*, t. III, p. 443. — Cff. R. gen., 210; Sch. Urk., 1405]. — Note.

CV. Lettre du pape Grégoire VII à Guillaume comte de Bourgogne : *Gregorius epiſc... Guillielmo Burgundionum com... Meminiſſe valet... Dat. Romæ, 4 non. febr., ind. 12.*

1074. Tirée du vol. des épîtres de ce pape, lib. I, ep. 46. — Publ. par GUICHENON, *Hiſt. de Sav.*, pr. p. 24. — [Cf. Jaffé, 3584].

CVI. Donation faite par Widelinus, comte de Forez, & ſes frères à l'abbaye de Savigny en Lyonnais : *Dom. Henrico aug. bellum... Faĉt. men. maio, fer. 12 & 14, an D. 1078, ind. 1, conc. 6, epac. 4; scr. m. Laurentii mon.*

1078. Extr. du Cartulaire de cette abbaye & publ. par GUICHENON, [*Bib. Seb.*, cent. I, n° 51. — Ed. BERNARD, *Cart. de Savigny*, n° 758]. —

CVII. Donation faite par Girard de Villars & Rodolphe son frère à l'abbaye de Cluny, de l'église de Villars au dio. cèse de Lausanne : *Notum sit omn... Fact. ap. Cluniacum, 12 cal. mart., gubern. Rom. eccles. Gregorio VII, regn. Philippo in Francia a. 22.., an. V. I. 1080, ind. 3.*

1080. Extr. de son Original existant aux archives de Cluny. — [Ed. *Mém. Suisse Rom.*, t. I, p. 156. — Cff. R. S. R., 390 ; Sch. Urk., 1413].

CVIII. Acquis fait par Siebold , doyen de l'église de Vienne pour le profit de cette église: *Notum sit... octavæ monetæ.*

1080 env. Extr. du Cartulaire de ce chapitre , p. 5. — [Ed. U. CHEVALIER, *Coll. de Cart. Dauph.*, t. I, p. 278].

CIX. Plaintes d'Hugues, évêque de Grenoble , contre les usurpations de Guigues: *Notum sit... sociis suis.* &c.

1081 env. Publ. par CHORIER, [*Estat polit.*], t. II, p. 69. — [Mss. *Cartul.* de St HUGUES, IIᵉ, n° 16, IIIᵉ, n° 89. — Ed. *Cartul. de Domina*, p. 387. — Cf. Bréquig., I, 368].

CX. Jugement rendu par Guillaume, comte de Bourgogne, en faveur de l'abbaye de Romans : *Notitia diffini-tionis... S. Vigonis.*

1080 env. Extr. du Cartulaire de ce chapitre. — [Ed. GIRAUD, *Essai hist.*, 1ᵉ part., pr. p. 158].

CX *bis*. Donation faite par le chanoine Odon à l'abbaye de Romans : *SS. Dei eccles... Dat. p. m. Vilelmi diac. ad vic. cancel., 12 kal. sept. fer. 2, luna 26,.. regn. Heindrico imper.*

1077. Extr. du Cartulaire de ce chapitre, p. 77. — [Ed. GIRAUD, *Essai hist.*, 1ᵉ part., pr. p. 118]. — Note.

CXI. Investiture accordée par Henri IV empereur au comte Conon, du château & de la terre d'Arconciel : *Cesar. In n° s. i. Tr. Henricus IV d. f. cl. rex. Regalis auctoritas... Act. an. D. I. 1082, ind. 4, a. ordin. Henr. IV 29, regni 26; act. Albano.*

1082. (Chartulaire d'Hauterive).—[Ed. ZEERLEBER, *Urk. f. Gefch. Bern*, t. I, p. 46. — Cff. R. S. R., 394; Stumpf, 2842 ; Sch. Urk., 1419].

CXII. Donation de l'églife de Contamine faite au monaftère de Cluny par Gui évêque de Genève: *Clemens & largiflua... Fact. kal. febr. an. ab I. D. 1083, ind. 6, epac. 30, conc. 6,.. Gregorio VII ordinat. s. a. 10,..*

1083. Extr. du Cartulaire de Cluny coté B, p. 191, n° 224. — [Ed. *Mém. Suis. Rom.*, t. XX, p. 266. — Cff. R. S. R., 2557; R. gen., 215; Sch. Urk., 1420]. — Note.

CXIII. Donation au monaftère de Romain-Moutier faite par Gautier, fils de Gautier & petit-fils d'Humbert feigneur de Salins , du confentement d'Humbert & de Guillaume comte de Bourgogne : *Ego Walcherius, fil... Act. an. 1084, regn. Henrico fil. Henr., a. 2 Romanæ obfidionis.*

1084. Extr. d'une Copie collationnée, exift. aux archives de Cluny, dans le tiroir de Laufanne. — [Ed. *Mém. Suis. Rom.*, t. III, p. 449. — Cff. R. S. R., 395; Sch. Urk., 1424]. — Note.

CXIV. Donation faite par le chevalier Bernard de Glana au monaftère de Cluny: *In X¹ n°, ego Bernardus... abfque data.*

1085 env. Extr. de l'ancien Cartulaire de Cluny coté A, p. 20, n° 63. — [Ed. *Mém. Suis. Rom.*, t. I , 168. — Cf. R. S. R., 433]. — Note.

CXV. Reftitution faite au monaftère de Savigny par l'empereur Henri IV du prieuré de Lutry: *In n° s. & i. Tr. Henricus Rom. imp. aug. Omni profes... Ermifredus cancel... Dat. id. fept. an. D. I. 1088 , ind. 10, a. Henr. IV regni 33, imp. 4; act. Vivis.*

1087. Extr. d'une Copie authentique des archives de Savigny. — [Edd. *Mém. Suis. Rom.* , t. I, p. 159, & t. VII, p. 5; BERNARD , *Cart. de Savigny*, n° 809. — Cff. R. S. R. , 403; Stumpf, 2888; Sch. Urk., 1438]. — Note.

CXVI. Fondation du prieuré de Chamonix par Aimon , comte des Equeftres & de Genevois, & par Girold fon fils : *In n° s. & i. Tr. Ego Aimo... Andreas com. capell. fcr. fer. 7, luna 27, pp. Urbano regn.*

1089. Publ. par GUICHENON, [*Bibl. Seb.* , cent. I, n° 49], & revue fur une copie authentique. — [Cff. R. S. R., 405; R. gen., 219; Sch. Urk., 1446]. — Note.

CXVII. Épître adreſſée par le pape Urbain à Guillaume de Clérieu et François de Royans, en faveur des chanoines de Romans: *Urbanus epiſc... G. de Clar... Conqueſti ſunt... exiſtere.*

1090 env. Extr. du Cartulaire de ce chapitre, p. 12. —[Ed. GIRAUD, *Eſſai hiſt.*, 1re part., pr. p. 19].

CXVIII. Donation faite à l'égliſe de Beſançon par Raymond, comte de Bourgogne : *In nº s. & i. Tr. Quoniam ad perp... villici.*

1090 env. — Publ. par D'ACHÉRY , *Spicil.* , t. III, p. 416. — [Cf. Bréq., II, 238].

CXIX. Donation faite par Aimon, comte de Genevois, au monaſtère de Saint-Oyan ou de Saint-Claude : *In nº s. Tr. Ego Aimo... filii ejus.*

1090 env. — Publ. par GUICHENON, *Bibl. Seb.*, cent. II, nº 46. — [Cf. R. S. R., 408; R. gen., 221].

CXX. Donation de l'égliſe de Vizille faite au monaſtère de Cluny par le comte Guigues-le-Gras : *Dum in hujus... nepotis ſui.*

1090 env. Extr. du Cartulaire de Cluny coté B, p. 166, nº 103. — [Ed. U. CHEVALIER, *Coll. de Cart. Dauph.*, t. I, p. 275]. — Note.

CXXI. Donation faite par Gui , évêque de Genève , au monaſtère de Saint-Oyan ou de Condat, maintenant de Saint-Claude : *In nº ſum... Ego Wido... Dat. an. ab I. D. 1091, ind. 13, regn. Heurico III a. 33.*

1091. — Publ. par GUICHENON, *Bibl. Seb.*, cent. II, nº 1. — [Cff. R. S. R., 409; R. gen., 223]. — Note.

CXXII. Fondation du prieuré de Courcelles faite par Humbert : *Cunctorum potentis... An. ab I. D. 1092, regn. Henrico r... Riculfum.*

1092. Extr. du Cartulaire de Cluny B, p. 174, nº 137. — [Ed. ZEERLEBER, *Urk. f. Geſch. Bern.*, t. I, p. 49. — Cff. R. S. R., 410 ; Sch. Urk., 1457]. — Note.

CXXIII. Griefs des chanoines de Romans contre François de Pairiano : *Conquerimur omnis... eccl. noſtræ,* &c.

1096. Extr. du Cartulaire de ce chapitre, p. 125. — [Ed. GIRAUD, *Eſſai hiſt.*, 1re part., pr. p. 281, & compl., p. 53].

CXXIV. Accord entre lefdites parties : *Hœc eſt pactio... Dat. p. m. Rodulfi , an. ab I. D. 1096, fer. 4, luna 25, Guidone archiepiſc. & b. n. eccleſiœ (abbate).*

1096. Extr. du Cartulaire , p. 146.—[Ed. GIRAUD, compl., p. 57].

CXXV. Notice de la fondation du prieuré de Saint-Martin en Tarantaiſe faite par Richard dit Curtus de Briançon vers l'an 1000 : *Ne temporum prolix... hoc eſt : In nᵉ &c... damnandus.*

1096. Extr. des regiſtres du chapitre de St-Pierre de Moutiers. — [Ed. *Hiſt. patriæ Mon.*, Ch. t. II, c. 178]. — Notes.

CXXVI. Fondation du prieuré de Saint-Martin , en faveur du monaſtère de Nantua, faite par Boſon, archevêque de Tarantaiſe : *In nᵉ s. & i. Tr. Notum ſit... An. I. 1096.*

1096. Extr. du *Gallia Chriſt.*, t. XII, inſtr. c. 378. — [Cf. Bréq. II, 287].

CXXVII. Fondation du prieuré de Bellevaux en Bauges : *Omnibus Chriſtianis... violare.*

1096. Extr. d'une ancienne Copie de la chambre des comptes de Turin. — [Ed. GUICHENON, *hiſt. de Sav.*, pr. p. 25. — Cf. R. gen., 224]. — Note.

CXXVIII. Fondation de l'abbaye d'Aulps par le comte & marquis Humbert II : *In nᵒ s. & i. Tr. Notum ſit... Gir.. teſtis.*

1096. Collat. ſur l'Original dans les archives de cette abbaye & publ. par GUICHENON, [*Hiſt. de Sav.* , pr.] p. 44. — [Cff. R. S. R., 415; R. gen., 228]. — Note.

CXXIX. Élection de Gui ou Wido pour premier abbé d'Aulps faite par le chapitre des moines de Moleſme : *Notum fieri... Act. an. ab I. D. 1097, ind. 4, pontif. Urbani II pp. 9...*

1096. — Publ. par D. MABILLON, *Ann. Bened.*, [t. V , p. 385. — Cf. R. gen., 229]. — Note.

CXXX. Donation d'Humbert II comte de Savoie, de Belley, de Chablais, d'Aoſte & de Maurienne au prieuré du Bourget : *Notum ſit... Act. ap. Hyenam burgum Sᵗ Ranneberti, in domo Odilardi. an. ab I. D. 1097... Aſſa.*

1097. Extr. de fon Original qui eſt dans les archives des RR. PP·
Jéſuites de Chambéry. — [Ed. GUICHENON, *Hiſt. de Sav.*, pr. p. 27].
— Note.

CXXXI. Notice de la fondation du prieuré d'Inimont en
Bugey : *Ad notitiam... multi alii.*

1097. — Pub. par GUICHENON, *Hiſt. de Sav.*, [pr.] p. 28. — Note.

CXXXII. Donation faite par Humbert II , comte de
Maurienne & marquis en Italie, au monaſtère de la Nova-
laiſe : *In n° D. n. J. C. œt. Ego Umbertus... Willelmus s.
palat. not... Aĉt. a. D. 1093, ind. 5, 6 id. maii.*

1097. — Publ. par GUICHENON, *Hiſt. de Sav.*, [pr.] p. 26. [Ed.
Hiſt. patriæ Monum., Ch. t. I, c. 709]. — Note.

CXXXIII. Confirmation d'Humbert II, comte de Savoie & marquis de Suſe, des donations qu'Adélaïde ſon aïeule
avait faites à l'égliſe d'Oulx : *An. aut. ab I. D. 1098, ind.
5, poſt obit. Adalaidæ comit... alii.*

1097. — Publ. dans le *Cartulaire* de ce monaſtère , p. 95. —
Note.

CXXXIV. Donation faite par le comte Humbert II à
l'abbaye de Pignerol : *An. ab I. D. n. J. C. 1098, 3 kal.
dec., ind. 6, monaſterio... Siſelbertus s. palat. not...*

1098. — Publ. par GUICHENON, *Hiſt. de Sav.*, [pr.] p. 27. [Ed. *Hiſt.
patriæ Monum.*, Ch. t. I, c. 723]. — Note.

CXXXV. Notice d'une tranſaĉtion paſſée entre l'évêque
& chapitre de Saint-Jean-de-Maurienne & le monaſtère de
Cluſe : *Propter pacem... combuſta eſt.*

1098. Parchemin ſans ſceau. —

CXXXVI. Donation faite par le comte Amédée III au
chapitre de Saint-Jean-de-Maurienne : *Notum ſit... Faĉt.
13 kal. nov., luna 27, regn. Henrico imp.*

1104. Extr. des archives de ce chapitre. — [Ed. BILLIET , *Doc.
Acad. de Sav.*, t. II, p. 20].— Note.

CXXXVII. Accord entre le monaſtère de Saint-Chef
(Chaffre) & les chanoines de Saint-Jean-de-Maurienne touchant quelques égliſes, fait par l'entremiſe d'Hugues prieur
de Saint-Laurent & Pierre prieur de Saint-Michel : *Poſt
longas... Aĉt. 16 kal. jan. luna 16, regn. Henrico r.*

1103. Extr. des archives du chapitre de St-Jean-de-Maurienne. — [Ed. Billiet, *Doc. Acad. de Sav.*, t. II, p. 8].

CXXXVIII. Bulle du pape Pafcal II en faveur de Gauceran abbé d'Ainay, par laquelle il eft maintenu dans la poffeffion de l'églife d'Ayent, diocèfe de Sion, & de deux autres églifes: *Pafchalis epifc... Gauceranno Althanat. abb... Ad hoc in... Dat. ap. Belnam, p. m. Joannis S. R. E. diac. card. ac biblioth., 2 id. febr. ind. 15, I. D. an. 1106, pontif. Pafc. II pp. 8.*

1106. Extr. du Cartulaire exiftant aux archives abbat. d'Ainay. — [Ed. *Gallia Chrift.*, t. IV, inftr. c. 13. — Cff. Jaffé, 4553; R. gen. 243; Sch. Urk., 1531].

CXXXIX. Liberté accordée à l'abbaye d'Abondance par celle de Saint-Maurice dont elle dépendait: *In n° D. æt. & S. J. C. Quicumque... Oldericus vice Turumberti cancel. fcr. in d. fab. 6 non. may, ind. 1, luna 18, epac. 6, Henrico regn., a. ab I. D. 1108; act. in Agaunen. clauftro.*

1108. — Publ. par Guichenon, *Hift. de Sav.*, [pr.] p. 29. — [Cff. R. S. R., 428; R. gen., 246; Sch. Urk., 1538].

CXL. Donation faite par Guillaume, archevêque de Befançon, à l'églife de Sainte-Madeleine: *Guillelmus s. Crifopol. eccl... Dat. 13 kal. mart. a. ab I. D. 1109, pontif. Guil. I a. 1; Bonifacius rec.*

1109. — Publ. par Guichenon, *Bibl. Seb.*, cent. II, n° 27. — [Cf. Bréq., II, 403].

CXLI. Confirmation du pape Pafchal d'une donation faite par Agnès de Savoie, fille de Pierre de Savoie, marquis d'Italie, au monaftère de Saint-Bénigne de Fruttuaria: *Pafchalis epifc... Almeo Fructuar. abb... Religiofis defid... Dat. Laterani, p. m. Joannis diac. card., 3 id. mart. ind. 3.*

1110. — Pub. par Guichenon, *Hift. de Sav.*, pr. p. 24. — [Cf. Jaffé, 4639]. — Note.

CXLII. Donation faite par Gui, évêque de Genève, au monaftère de Saint-Claude ou Saint-Oyan: *Vuido epifc. s. Genev. eccl... Act. Gebennæ, a. ab I. D. 1110.*

1110. — Publ. par Guichenon, *Bibl. Seb.*, cent. I, n° 82. — [Cff. R. S. R., 432; R. gen., 248; Sch. Urk., 1554].

CXLIII. Accord entre Gérald évêque de Lausanne & Ponce abbé de Savigny, touchant le prieuré de Lutry : *Noverit omnis... Act. Lausannæ, a. ab I. D. 1111, fer. 4 natalis S^{ae} Luciæ, luna 10...*

1111. Extr. du Cartulaire des archives abbat. de Savigny, n° 941. — [Edd. *Mém. Suis. Rom.*, t. I, p. 166; BERNARD, *Cart. de Savigny*, n° 939. — Cff. R. S. R., 436; Sch. Urk., 1567]. — Note.

CXLIV. Donation faite à St Guarin, abbé d'Aulps, par Gui évêque de Genève : *Desiderium quod... Vivianus jus. Amalrici cancel. scr. a. ab I. D. 1113, ind. 6, luna 24.*

1113. — Publ. par BESSON, *Mém. pour l'hist. eccl. de Gen.*, p. 350. — [Cff. R. S. R., 441; R. gen., 253; Sch. Urk., 1577]. — Note.

CXLV. Lettre écrite par Gui, archevêque de Vienne, au comte Amédée : *Guillelmus (Guido) Viennen. archiepisc... Amedeo com... De justitia... & vivas* [elle est encore p. 741].

?. — [Ed. U. CHEVALIER, *Coll. de Cart. Dauph.*, t. I, p. 381]. — Note.

CXLVI. Donation du comte Amédée à l'abbaye de Saint-Laurent d'Oulx : *In n^e D. n. J. C. Ego Amedeus... [An.] 1119, regn. Enrico, ind. 11, luna 28.*

1118. — Extr. du *Cartulaire* de cette abbaye publ. en 1753, [p. 99]. — Note.

CXLVII. Notice de la donation faite par le comte Amédée III au prieuré du Bourget, de la juridiction dans leurs terres, avec la confirmation d'Humbert III & de Thomas Ier : *Notum sit omn... Illud id. Umb... Item ego Thomas... Act. ap. Camberiacum ante eccles. Hospitalis, a. ab I. D. 1202, m. april... Mauricius not.*

1118 env. — Publ. par GUICHENON, [*Hist. de Sav.*, pr.] p. 38. — Note.

CXLVIII. Confirmation de la fondation du prieuré de Condamine, en faveur de l'abbaye de Cluny, faite par l'évêque Gui : *Guido D. g. Genev. episc... Act. a. D. I. 1119, 2 m. sept.*

1119. Extr. du Cart. de Cluny coté B, p. 247, n° 605. — [Ed. GUICHENON, *Bibl. Seb.*, cent. I, n° 4. — Cff. R. S. R., 446; R. gen., 256; Sch. Urk., 1596]. — Note généal. sur l'évêque Gui.

CXLIX. Fondation de l'abbaye de Saint-Sulpice en Bugey par le comte Amédée III **:** *Ego 'Amedeus com... vicecomite.*

1120. — Publ. par GUICHENON, [*Hift. de Sav.*, pr.] p. 32. — [Cf. R. gen., 281]. — Note chronol.

CL. Note d'une donation du comte Amédée III à l'églife de Montjoux ou du Grand-Saint-Bernard: *An. 1125, kal. febr. regn. Henrico imp. , Amedeus com... Marinus.*

1125. — Publ. par GUICHENON, [*Hift. de Sav.*, pr.] p. 31. — [Cff. R. gen., 272; Sch. Urk., 1632].

CLI. [Donation du même à la même :] *In n° s. & i. Tr. Ego Amedeus Morian. com... Regn. Henrico imp., a. D. 1125.*

1125. Archives du Grand-St-Bernard, Inventaire de M. le commandant de La Grange. — [Ed. CIBRARIO e PROMIS, Doc., p. 42. — Cff. R. S. R., 458; R. gen., 274].

CLII. Fondation du monaftère d'Hautecombe par Amédée III, comte de Savoie & marquis en Italie: *In n° Dom. Ego Amedeus com... fil. ejus.*

1125 env. — Publ. par GUICHENON , *Hift. de Sav.*, pr. p. 31. — [Cf. R. gen., 275 & corr.]. — Note.

CLIII. Confirmation accordée par Pierre , archevêque de Vienne, de la donation faite par Gui fon prédeceffeur à l'églife de Saint-Ruf: *Quoniam noftri... Act. a. ab I. D. 1125... canonicis.*

1125. Extr. du Cartulaire de la cathédrale de Vienne, p. 70. — [Ed. J. PETIT, Theodori *Pœnitent.*, t. II, p. 630. — Cf. Bréquig., II, 535]. — Note.

CLIV. Donation faite au monaftère de Sixt & confirmée par Aimon de Faucigny : *Aimo dom. de Foucign... a. D. 1126.*

1126. — Publ. par GUICHENON, *Bibl. Seb.*, cent. I, n° 29. — [Cf. R. S. R., 462]. — Notes.

CLV. Charte en faveur de l'abbaye de Saint-Maurice en Valais: *Amedeus D. g. comes... Dat. Agauni, a. 1128, 3 kal. april.*

1128. Extr. de l'Original des archives de cette abbaye. — [Ed.

FURRER, *Gefch. lb. Wallis*, t. III, p. 36. — Cff. R. S. R., 466;
Sch. Urk., 1662].

CLVI. Confirmation par le pape Honorius II de la
fubftitution des chanoines réguliers aux féculiers: *Honorius
epifc... Agaunen... Apoftolica doctr.,. Dat. Later., 7
id. nov.*

[1128-9]. — Publ. par GUICHENON, [*Hift. de Sav.*, pr.] p. 32. —
[Cff. Jaffé, 5290; Sch. Urk., 1663].

CLVII. Notice concernant cette même réforme: *Scien-
dum quod... defcripfit.*

?. — Publ. par GUICHENON, [op. cit., pr.] p. 32. — Note.

CLVIII. Reftitution faite par le comte Amédée III à
St Guérin, évêque de Sion, des terres de Loèche & Natrix:
Amedeus com. Maurien... quam plures.

1129 env. Extr. d'un Cartulaire de l'abbaye de St-Maurice. —
[Ed. *Mém. Suis. Rom.*, t. XVIII, p. 359. — Cff. R. S. R., 2563 ;
Sch. Urk., 1710]. — Note.

CLIX. Fondation de l'abbaye de Tamiés : *An. ab I. D.
1132, immenfa Dei... de Cleriaco.*

1132. — Publ. par BESSON, [*Mém. pour l'hift. eccles.*, p. 351].

CLX. Donation faite par Humbert, évêque de Genève ,
à la chartreufe de Meyria en Bugey : *Humbertus D. g.
Geben. epifc... Act. a. 1134.*

1134. — Publ. par GUICHENON, *Bibl. Seb.*, cent. II, n° 12.—[Cf. R.
gen., 285].

CLXI. Jugement rendu par Pierre archevêque de Lyon,
Humbert archevêque de Befançon , Berlion évêque de
Belley & autres , entre Gui évêque de Laufanne & l'églife
de St-Martin de Lutry: *Diffinitio quærimoniœ.. roboretur.*

1135 env. Extr. du Cartulaire des archives abbat. de Savigny, n°
942. — [Ed. BERNARD, *Cart. de Savigny* , n° 940. — Cff. R. S. R.,
480; Sch. Urk., 1686].

CLXII. Donation faite à la chartreufe de Meyria par
l'abbaye d'Ámbronay en Bugey : *Hifmio Ambroniac...
Omnes qui... & alii.*

1135. — Publ. par GUICHENON, *Bibl. Seb.*, cent. II, n° 26. — [Cf.
Bréq., II, 624].

CLXIII. Teſtament de Guillaume IX, duc d'Aquitaine & comte de Poitiers : *In nº... Hoc eſt teſtam... Aquit. dapifer.*

1136. — Publ. par D. Martène, [*Thes. Anecd.*], t. V, c. 1149. — Arbre généalog. des ducs d'Aquitaine & diſſertation.

CLXIV. Donation faite par Amédée III à Pierre archevêque de Tarantaiſe : *In nº... Ego Amedeus comes... 1139 a., ind. 2, kal. mart., luna 27, fer. 5.*

1139. Extr. de ſon Original dans les archives épiſcopales. — [Ed. Besson, *Mém. pour l'hiſt. ecclés.*, p. 352].

CLXV. Renonciation d'Amédée III au droit de nommer le prévôt de Saint-Maurice-d'Agaune : *Notum ſit... Dat. in Mauriana, in loco q. voc. Sᵘˢ Julinus, a. 1143, 3 kal. april., luna 14...*

1143. Extr. de l'Original qui eſt dans les archives de cette abbaye. — [Ed. *Hiſt. patriæ Mon.*, Ch. t. II, c. 246. — Cff. R. S. R., 509; Sch. Urk., 1794].

CLXVI. Confirmation de la donation faite au monaſtère de Saint-Sulpice en Bugey par Amédée III : *Inter omnes... ſatisfaƈtum ſit.*

1146. — Publ. par Guichenon, [*Hiſt. de Sav.*, pr.] p. 35. — Notes.

CLXVII. Charte de l'empereur Conrad III, qui confirme à l'archevêque de Vienne la poſſeſſion du comté de ce nom & du château Pupet : *Conradus D. g. Rom. rex II Humberto Viennen. archiep... Ad regiæ dignit... An. ab I. D. 1146, ind. 2, a. 8 regni; dat. in palat. Aquiſgrani, Deſiderio mon. in d. Apparit. Dom.*

1146. Extr. du petit Cartulaire de l'égliſe de Vienne coté nº I A, p. 111. [Ms. Valbonnais, vº reg., nº 17. — Ed. J. Bosco, *Flor. bibl.*, l. x., p. 81. — Cff. Bréq., II, 111; Bœhmer, R. I., 2254; R. gen., 315; Stumpf, 3511].

CLXVIII. Diplôme de l'empereur Conrad en faveur de de l'évêché d'Embrun : *Conradus D. g. Rom. rex II Wilelmo urb. Ebredun. archiep... Antiqua conſuet... An. ab I. D. 1147, a. 10 regni.*

1147. — Publ. par Guichenon, *Bib. Seb.*, cent. I, nº 17. [Ed. J. Chérias, *Écho du Dauph.*, 1ʳᵒ an, nᵒˢ 42-4. — Cff. Georg., I, 591; Bréq., III, 131; Stumpf, 3526].

CLXIX. Lettre d'Aimon évêque de Lauſanne à Humbert III comte de Savoie: *Aimo Laufan. eccl... Reverentiff... Studete.*

1148. Extr. des archives de l'abbaye de Saint-Maurice & aussi publ. par Guichenon, [*Hift. de Sav.*, pr.] p. 38. — [Cf. R. S. R., 549]. — Notes.

CLXX. Tranfaction entre les monaftères de la Novalaife & de Contamine, au fujet des églifes de Thiez & de Châtillon dans le Faucigny: *Certa & vera... 1150 a. ab I. D., F. imp. regn.*

1150. — Publ. par Guichenon, *Bibl. Seb.*, cent. I, nº 20. — [Cf. R. gen., 325].

CLXXI. Donation faite par le comte Humbert III à l'abbaye d'Hautcrêt au pays de Vaud: *In nº s. & i. Tr. Ego Humbertus... Pet. de Rouel figil. a. D. 1150.*

1150. Publ. par Guichenon, [*Hift. de Sav.*, pr.] p. 28, & collat. fur l'Original dans les archives de Berne. — [Ed. *Mém. Suis. Rom.*, t. XII, p. 142. — Cf. R. S. R., 544]. — Notes.

CLXXII. Lettre de Bertold, duc de Zéringen & gouverneur de Bourgogne, aux religieux de Cluny: *Dom. abb. Cluniac... Veftræ infinuam... reparari.*

1152 env. — Publ. par Guichenon, *Bibl. Seb.*, cent. II, nº 64. [Ed. Zeerleber, *Urk. f. Gefch. Bern*, nº 50. — Cff. Bréq., III, 264 ; R. S. R., 585]. — Note.

CLXXIII. Notice d'Amé évêque de Laufanne touchant le payement que fit Humbert III à l'abbaye de Saint-Maurice d'une table d'or enrichie de diamants qu'Amédée III fon père avait obtenue des chanoines avant fon voyage de la Terre-Sainte: *In nº... Amedeus peccator... Act. in Agaun. monaft., a. ab I. D. 1150, regn. Conrado, fub pp. Eugenio III, fer. 2, luna 4.*

1150. L'Original eft dans les archives de cette abbaye. — [Ed. Cibrario e Promis, *Doc.*, p. 67. — Cf. R. S. R., 546; R. gen., 324]. — Notes.

CLXXIV. Payement fait par Humbert III à l'abbaye de Saint-Maurice: *In nº... Ego Hubertus comes... Act. ut in præced.*

1150. L'Original eft dans les archives de cette abbaye. — [Ed. Cibrario e Promis, *Doc.*, p. 64. — Cf. R. S. R., 545].

CLXXV. Lettre de protection accordée au chapitre de Saint-Ours de la cité d'Aoste par le comte & marquis Humbert III : *Umbertus comes... Sicut olim... Valete.*

1150 env. —

CLXXVI. Fondation de la chartreuse du Repofoir, faite par Aimon de Faucigny : *In n° D. J. C. Notum fit... Act. 11 kal. febr., Antelmo priore Cartufiœ fed., a. D. 1151.*

1151. — Publ. par GUICHENON, *Bibl. Seb.*, cent. I, n° 8. — [Cf. R. S. R., 329]. — Note.

CLXXVII. Emprunt fait par Étienne de Villars : *Sciant tam... Fact. a. ab I. D. 1151, 16 [kal.] sept...*

1151. — Publ. par GUICHENON, *Bibl. Seb.*, cent. II, n° 60. — [Cf. Bréquigny, III, 187]. — Note.

CLXXVIII. Confirmation des priviléges de l'abbaye de Payerne par Frédéric Barberouffe ; *Fridericus d. f. cl. Rom. rex aug. Cum ecclefiis... Arnoldus cancel. Dat. Bifunt., 15 kal. mart. a. D. I. 1153, ind. 15, regn. Frid. a. 1.*

1153. — Publ. par GUICHENON, *Bibl. Seb.*, cent. II, n° 80. [Ed. *Arch. Soc. Hift. Fribourg*, t. I, p. 377. — Cff. BŒHMER, R. I., 2321; R. S. R., 555; R. gen., 330; Stumpf, 3661].

CLXXIX. Droit de pâturage accordé à l'abbaye d'Abondance par Amé comte de Genevois : *In n°... Ego Amedeus... A. ab I. D. 1153, ind. 1, epac. 4.*

1153. — Publ. par GUICHENON, *Bibl. Seb.*, cent. II, n° 52. — [Cff. R. S. R., 557; R. gen., 332]. — Note.

CLXXX. Ligue formée entre plufieurs feigneurs de Provence : *A. ab I. D. 1156, juro ego Guil. de Sabr... Guil. Petri fcribœ.*

1156. — Publ. par GUICHENON, *Bibl. Seb.*, cent. I, n° 24. — [Cf. Bréq., III, 250].

CLXXXI. Inféodation faite par Raymond, marquis de Provence, à Guillaume archevêque d'Embrun : *Raimondus Barchinon... Fact. in fuburb. Arelat., in domo FF. militiœ Templi, regn. Freder. imp., men. oct. luna 13.*

1160 env. — Publ. par GUICHENON, *Bibl. Seb.*, cent. I, n° 95. — [Cf. Bréquigny, III, 233].

CLXXXII. Décret impérial en faveur d'Arditius, évêque

de Genève, contre Bertold duc de Zéringen & Amédée comte de Genevois : *Fridericus D. g. Rom. imp. & s. aug. Fidelibus fuis... Acl. a. D. I. 1162, ind. 10, regn. Fred. R. i., in archiepifc. Bifunt. ap. Pontem Laone fup. Senam, 7 id. fept.*

1162. — Publ. par Muratori, *Antiq. med. œvi*, t. VI, p. 57. [Ed. *Mém. Hift. Gen.*, t. V, p. 347. — Cff. Bœhmer, R. I., 2466; R. S. R., 598; R. gen., 367; Stumpf, 3968]. — Note.

CLXXXIII. Vente faite par Guillaume de Thoire & par fes frères à la chartreufe de Meyria : *Noverint tam... Fact. an. D. 1164.*

1164. — Publ. par Guichenon, *Bibl. Seb.*, cent. ii, n° 94.

CLXXXIV. Exemption de péage accordée à l'abbaye de Chaffagne en Bugey par Gérard comte de Mâcon : *Ego Girardus comes... milites.*

1168 env. — Publ. par Guichenon, *Bibl. Seb.*, cent. ii, n° 45. — [Cf. Bréquigny, III, 406]. — Note.

CLXXXV. Donation d'Humbert III au monaftère d'Hautecombe : *Notum fit... Rumiliaco.*

?. — Publ. par Guichenon, [*Hift. de Sav.*, pr.] p. 41. — [Cf. R. gen., 352].

CLXXXVI. Confirmation d'Humbert III, comte de Savoie, des donations faites à l'abbaye d'Abondance : *Pofteriorum... An. ab I. D. 1170, luna 22, non. dec. regn. imp. Freder.*

1170. — Publ. par Guichenon, [*Hift. de Sav.*, pr.] p. 42. — [Cf. R. gen., 385].

CLXXVII. Lettre de fauvegarde accordée à l'abbaye de Léoncel par Guillaume furnommé Poitevin, comte de Valence : *Vuilelmus Pictavenfis... Not. fit... incurriffe.*

1170 env. — Publ. par Guichenon, *Bibl. Seb.*, cent. i, n° 19. [Ed. U. Chevalier, *Coll. de Cart. Dauph.*, t. IV, p. 9]. — Note.

CLXXXVIII. Traité entre Humbert III & l'abbaye de Saint-Maurice : *Fidelibus omn... multi alii.*

1070. L'Original eft dans les archives de cette abbaye. — [Ed. Guichenon, *Hift. de Sav.*, pr. p. 40]. — Note.

CLXXXIX. Inveftiture du comté de Forcalquier accordée au comte Guillaume par Frédéric Barberouffe : *In n°*

s. & i. T. Fridericus Rom. imp. s. a. Imperialis excel...
Gothofredus canc. vice Philippi Colonien. archiep. & Ita-
liœ reg. archicanc. Act. an. D. I. 1164, ind. 7, a. regni
23, imp. 21; dat. in epifc. Papien. in obfid. Roboreti, 22
kal. jan.

1174. — Publ. par GUICHENON, *Bibl. Seb.*, cent. 1, n° 85. [Ed.
PERTZ , *Mon. Germ.*, Leg. t. II, p. 144. — Cff. Bréq., III, 346 ;
Bœhmer, R. I., 2573; Stumpf, 4173].

CXC-I. Lettres de protection accordées à l'hôpital de
Saint-Bernard de Montjoux par Frédéric Barberouffe &
Henri VI fon fils : *Fredericus Rom. imp. s. a. Cognofcant*
univ... Dat. ap. Taurinum, a. D. 1176, ind. 8. — Hen-
ricus VI D. g. Rom. rex s. a. Ad falutem... Dat. Medio-
lani, a. D. I. 1180, ind. 8, 4 kal. april.

1176 & 1180. — [Ed. *Hift. patriœ Monum.*, Ch. t. II, c. 1052 &
1073. — Cff. R. S. R.. 639 & 682; Stumpf, 4182 & 4574].

CXCII. Donation faite au monaftère de Chaffagne en
Bugey par Gui de Saint-Trivier : *Noverint præs... Act. a.*
1177.

1177. — Publ. par GUICHENON, *Bibl. Seb.*, cent. 1, n° 35.

CXCIII. Donation faite au monaftère de Payerne par
Bertold IV, duc de Zéringen : *Notum fit... Act. a. ab I.*
D. 1178.

1078. — Publ. par GUICHENON, *Bibl. Seb.*, cent. II, n° 83. [Ed.
ZEERLEBER, *Urk. f. Gefch. Bern*, n° 57. — Cff. R. S., 664; R. gen.,
403].

CXCIV. Sauvegarde & priviléges accordés à l'abbaye de
Léoncèl par Vuillelme furnommé Poitevin, comte de Valence : *Vuilelmus Pictavienfis... reconciliari.*

1183 env. — Publ. par GUICHENON, *Bibl. Seb.*, cent. 1, n° 18. [Ed.
U. CHEVALIER, *Coll. de Cart. Dauph.*, t. IV, p. 211. — Note.

CXCV. Donation faite par Taillefer, comte de Viennois
& d'Albon, à la chartreufe de Durbon, diocèfe de Gap :
Ego Taillafers... Fieri feci ap. Vifiliæ caftrum... an. D.
1183.

1183. — Publ. par GUICHENON, *Bibl. Seb.*, cent. 1, n° 5. — Note.

CXCVI. Sentence arbitrale rendue entre Arducius évêque de Genève & le comte Guillaume : *In n° D. n. J. C.*

Ego Robertus... Lata in opp. de Aquis, a. ab I. D. 1183,... pp. Lucio III, imp. Freder. ; fcr. p. m. Petri not. Viennen.

1183. — Publ. par Muratori, *Antiq. med. œvi*, t. VI, p. 59. — [Cff. R. S. R., 718; R. gen., 429].

CXCVII. Donation faite par Étienne de Villars au monaftère de l'Ifle-Barbe : *Joannes D. g. hùm. fac... Dat. Lugduni, a. D. 1186.*

1186. — Publ. par Guichenon, *Bibl. Seb.*, cent. II, n° 16. — Note.

CXCVIII. Permiffion accordée à Mathilde comteffe de Tonnerre par Hugues duc de Bourgogne, fon parent, de donner une de fes terres à l'abbaye de Cluny : *Ego Hugo D. g. dux... An. D. I. 1186.*

1186. — Publ. par Guichenon, *Bibl. Seb.*, cent. II, n° 17. — Note.

CXCIX. Fondation de la chartreufe d'Aillon en Savoie par Humbert III comte de Maurienne : *Quod intuitu... paftores.*

1186 env. — Publ. par Guichénon, [*Hift. de Sav.*, pr.] p. 43. — [Cf. R. gen., 426]. — Note.

CC. Donation faite par Thomas Ier comte de Savoie à l'églife de Saint-Jean-de-Maurienne & confirmation de celles faites à cette églife par Humbert Ier : *Sicut olim... Act. a. ab I. D. 1189, prid. id. jun...*

1189. — Publ. par Guichenon, [*Hift. de Sav.*,] t. II, p. 44. [Ed. A. Billiet, *Doc. Acad. Sav.*, t. II, p. 38].

CCI. Charte d'Henri VI, roi des Romains, en faveur de l'évêché de Sion : *In n° s. & i. T. Henricus VI rex Rom. s. a. De regalis... Johannes imp. aulœ canc. vice Conradi Mogunt. fed. archiep. & Germaniœ archicanc. Act. a. D. I. 1199, ind. 7, regn. a. 19; dat. ap. Bafileam, non. maii.*

1189. — Publ. par les éditeurs du *Gallia Chrift.*, t. XII, inftr. c. 433. [Ed. Wurstemberger, *Peter d. zw.*, t. IV, p. 12. — Cff. Bœhmer, R. R., 2736; R. S. R., 745; Stumpf, 4644]. — Notes.

CCII. Donation faite par Guillaume comte de Genève au monaftère de Taloire : *Approbatœ princip... An. I. D. 1192, ind. 10, epac. 4, conc. 3, Cœleft. s. p., Henrico R. imp.*

1192. — Publ. par GUICHENON , *Bibl. Seb.* , cent. 1, n° 68. [Ed. WURSTEMBERGER, *Peter d. ſiv.*, pr. n° 38. — Cff. R. S. R., 761 ; R. gen., 456]. — Note.

CCIII. Bulle du pape Céleſtin III par laquelle il confirme les priviléges de l'abbaye de Saint-Maurice d'Agaune : *Celeſtinus epiſc. Wilermo ab... Cum ſimus... Dat. Laterani, p. m. Contii S. Luciæ in Ortea diac. card. d. papæ camer. kal. april., ind. 14, I. D. 1196, pontif. Cel. pp. III a. 5.*

1196. Revue ſur l'Original dans les archives de cette abbaye. — [Ed. GUICHENON, *Bibl. Seb.*, cent. 11, n° 49. — Cff. Jaffé, 10581; R. S. R., 770; R. gen., 462].

CCIV-V. Accord entre l'évêque & le chapitre de Sion & le prévôt de Saint-Bernard de Montjoux, touchant les cures de Martigny, St-Brancher, Orſières, Liddes & Lens : *Oblivionis deſidia... Faɔ̃t. temp. Urdrici præpos. Montis Jovi, regn. Frider. imp. a. 1168 ab I. X. — Certum eſt... Aymo canon. Agaun. jus. a Willielmo ſacr. & canc. Sedunen. ſcr. a. ab I. D. 1199, Philippo reg.*

1168 & 1199. — [Ed. *Mém. Suiſſe Rom.*, t. XVIII, p. 365 & 383. — Cf. R. S. R., 2570 & 2586]. — Notes.

CCVI. Charte de Rainald archevêque de Lyon en faveur de l'abbaye de Cluny; *Nover. tam præs... Aɔ̃t. a. I. 1203, m. dec.*

1203. Extr. du Cartulaire de cette abbaye & publ. par GUICHENON, [*Bibl. Seb.*, cent. 1, n° 45].

CCVII. Soumiſſion de Simonin de Barro, accuſé d'avoir tué le prieur de Cuſſy, d'accepter s'il en eſt convaincu la pénitence qui lui ſera impoſée envers l'évêque de Belley , abbé du monaſtère de Saint-Claude : *Ego Blanca... Aɔ̃t. a. D. 1215, m. nov.*

1205. — Publ. par GUICHENON, *Bibl. Seb.*, cent. 1, n° 27.

CCVIII. Fondation de l'abbaye de Notre-Dame-de-Goille : *Sicut tempus... de Ponte.*

1207 env. — Publ. par GUICHENON, *Bibl. Seb.*, cent. 1, n° 2. — [Cf. R. gen., 503]. — Note.

CCIX. Accord entre André dauphin de Viennois & l'archevêque d'Embrun : *In n° D. J. C., a. I. D. 1210, regn. Otthone Rom. imp., præs... roborari.*

1210. — Publ. par GUICHENON, *Bibl. Seb.*, cent. I, n° 78.

CCX-I. Charte de Guillaume, comte de Vienne & de Mâcon, en faveur de l'abbaye de Cluny : *Ego Wilelmus... — Notum sit omn... Act. a. V. I. 1192... suorum. — Postea... Act. a. gr. 1216, m. jan.*

1192 & 1215. — Publ. par GUICHENON, *Bibl. Seb.*, cent. II, n°⁵ 48 & 8.

CCXII. Compromis entre l'abbaye de Cluny & Guillaume comte de Vienne & de Mâcon : *Ego Vilelmus com... Act. a. gr. 1216, m. jan., ap. Trinorchium.*

1216. — Publ. par GUICHENON, *Bibl. Seb.*, cent. I, n°70. — Notes.

CCXIII. Privilége accordé à la chartreuse de Portes en Bugey par Humbert seigneur de Montluel : *Ego Humbertus... An. ab I. D. 1227 act.*

1217. — Publ. par GUICHENON, *Bibl. Seb.*, cent. I, n° 48. — Cff. Georg., I, 821; Bréq., V, 861.

CCXIV. Hommage d'Amalric duc de Narbonne à l'évêque d'Embrun : *Universis ad... Act. ap. Avinionem, a. ab I. D. 1222, in festo s. Luciæ.*

1222. — Publ. par GUICHENON, *Bibl. Seb.*, cent. I, n° 31. — Note.

CCXV. Donation faite par Étienne de Villars & par Bernard de Thoire son frère à l'abbaye de Saint-Claude : *Ego Stephanus... Act. in capitulo St Eugendi, a. ab I. D. 1225, 7 kal. nov.*

1225. — Publ. par GUICHENON, *Bibl. Seb.*, cent. II, n° 20. — Note.

CCXVI. Inféodation, sous charge d'hommage, faite par l'abbaye de Saint-Claude à Aimon seigneur de Gex : *Ego Amedeus... Act. a. gr. 1225, m. jun.*

1225. — Publ. par GUICHENON, *Bibl. Seb.*, cent. I, n° 33. — [Cff. Bréq., V, 254; R. S. R., 992; R. gen., 615]. — Note.

CCXVI *bis.* Concession faite à la chartreuse de Seillon en Bugey : *Notum sit... Dat. a. D. 1230.*

1230. — Publ. par GUICHENON, *Bibl. Seb.*, cent. I, n° 34. — Note.

CCXVII. Donation faite par Rodolphe de Thoire à la chartreuse de Valon : *Ego Rodolfus... Act. a. D. 1234, ap. Bossie, m. dec.*

1234. Extr. de l'Original dans les archives de Ripaille. — [Ed. GUICHENON, *Bibl. Seb.*, cent. I, n° 21. — Cff. Georg., I, 983; R. gen., 670]. — Note.

CCXVIII. Donation faite à l'églife de Saint-Étienne de Befançon par Guillaume de Vienne : *Nicolaus mifer... Dat. a. 1235.*

1235. — Publ. par GUICHENON, *Bibl. Seb.*, cent. II, n° 68.

CCXIX. Teftament d'Humbert feigneur de Montluel : *An. D. 1236, 13 kal. aug. Ego Humbertus... Bartholomeus fcr.*

1236. — Publ. par GUICHENON, *Bibl. Seb.*, cent. I, n° 69. — Notes.

CCXX. Conventions entre Rainald, feigneur de Baugé ou de Bugey , & Aimon évêque de Mâcon : *Univerfis XI... An. D. 1237, m. oct., in fefto b. Leodegarii.*

1237. Extr. du Cartulaire de St-Vincent de Mâcon , nommé le *Livre enchaîné.* — [Ed. RAGUT, *Cart. de St-Vincent*, p. 391]. — Note.

CCXXI. Échange de l'abbaye de Grandval contre deux prieurés fait entre l'abbaye d'Abondance & celle de Saint-Oyan ou Saint-Claude : *Nover. univ... Act. ap. Seffiacum, a. D. 1244, in m. nov.*

1244. — Publ. par GUICHENON, *Bibl. Seb.*, cent. I, n° 98. — [Cff. Bréq., VI, 68; R. gen., 760].

CCXXII. Donation faite par Guillaume comte de Genevois à l'abbaye de Saint-Maurice d'Agaune : *Nos Guillelmus... Act. a. D. 1245, m. aug.*

1245. Extr. des archives de cette abbaye. — [Ed. GUICHENON, *Bibl. Seb.*, cent. I, n° 46. — Cff. Bréq., VI, 85; R. S. R., 1282 ; R. gen., 772]. — Note.

CCXXIII. Hommage prêté par Jean comte de Bourgogne & feigneur de Salins à l'abbaye de Saint-Maurice pour le château de Bracon : *In n°... Nos Joannes... Act. in domo epifcop. Laufan., a. ab I. D. 1246, 6 fer. poft feft. b. Michaelis prox.*

1246. Extr. des archives de l'abbaye. — [Ed. GUICHENON , *Bibl. Seb.*, cent. I, n° 7. — Cff. Georg., I, 1049; Bréq., VI, 121; R. S. R., 1298]. — Note.

CCXXIV. Hommage prêté à l'archevêque de Befançon

pour le château de Nion au pays de Vaud : *Nos Joannes D. g. Laufan. epifc... Act. in fefto b. Barnabæ apoft. a. D. 1246.*

1246. — Publ. par GUICHENON, *Bibl. Seb.*, cent. II, n° 61. [Ed. *Mém. Hift. Gen.*, t. V, p. 226. — Cff. Georg., I, 1052 ; Bréq., VI, 106 ; R. S. R., 1292 ; R. gen., 786]. — Note.

CCXXV. Accord entre Simon de Joinville , feigneur de Gex, & Henri évêque de Genève : *Univerfis præs... Dat. & act. Gebennis, a. D. 1261, 10 kal. mai.*

1261. — Publ. par GUICHENON, *Bibl. Seb.*, cent. II, n° 47. — [Cff. Georg., I, 1157 ; R. S. R., 1572 ; R. gen., 929].

CCXXVI. Jugement rendu par Flotte comteffe de Valence en faveur du monaftère de Léoncel : *Nos Flotta dom... Act. in caftro de Granna, a. I. D. 1263, m. jun.*

1263. — Publ. par GUICHENON, *Bibl. Seb.*, cent. I, n° 27. [Ed. U. CHEVALIER, *Coll. de Cart. Dauph.*, t. IV, p. 187 (d'ap. l'origin.)].

CCXXVII. Donation faite au monaftère de Nantua par Simon de Joinville & Lionette de Genève, dame de Gex, fa femme : *Nos Simon... Act. in oct. Nativ. b. Mariæ V. a. D. 1276.*

1276. — Publ. par GUICHENON, *Bibl. Seb.*, cent. I, n° 38. — [Cff. Georg., II, 21 ; R. gen., 1137]. — Note.

CCXXIX. Lettres de protection accordées au prieuré de Saint-Georio près d'Annecy par Amédée VIII : *Nover. univ... annuatim.*

1400 env. — Publ. par GUICHENON , [*Hift. de Sav.*, pr.] p. 35. — Note.

NOTES

(1) MABILLON a déjà publié cette charte dans fa *Diplomatique* (liv. VI, p. 463);
il en a fixé la date fur l'an 520, fous le règne de Clotaire Ier, qui fuccéda effecti-
vement à Clovis en 511 & dont la 9e année concourt avec l'an 520; mais il n'a
pas fait attention qu'à cette époque Clotaire n'avait aucune autorité dans la
Bourgogne, qui avait fes rois particuliers depuis environ un fiècle. Ainfi on ne
peut commencer à compter les années de Clotaire en Bourgogne que depuis l'an
534, où Gondemar, le dernier des rois Bourguignons, fut défait par Childebert.
Théodebert & Clotaire, qui partagèrent entre eux fon royaume: par conféquent
la 9e année de Clotaire en Bourgogne concourt avec l'an 542, qui est la vraie
date de cette charte.

(2) L'empereur Lothaire, mort en 855, laiffa trois fils qui partagèrent fes états:
Louis eut la Lombardie, Charles la Provence jufqu'à Lyon, & Lothaire le refte
de fa fucceffion d'où fe forma le royaume de Lorraine.

(3) Cette charte étant datée de la 2e année après la mort de Charles, roi de
Provence, arrivée en 863, doit être placée fur l'an 864...

(4) Le royaume de Bourgogne avait paffé de Louis-le-Débonnaire à fon fils
l'empereur Lothaire, & de Lothaire à fon fils Charles mort fans enfants en
863; de celui-ci il paffa à Lothaire fon frère cadet, roi de Lorraine, qui mourut
en 869, fans enfants légitimes. Sa fucceffion paffa à Charles-le-Chauve, fon
oncle, & enfuite à Louis-le-Bègue, fils de ce dernier, mort le 10 avril 879. A fa
mort Bofon, dont la fœur Richilde avait époufé Charles-le-Chauve & qui avait
époufé Ermengarde, fille unique de l'empereur Louis II, profitant des troubles
qui agitaient alors le royaume, fe fit proclamer roi de Provence ou d'Arles par
les évêques affemblés au mois d'octobre 879 à Mantale en Dauphiné. Il était fils
de Beuves, comte d'Ardenne, & mourut le 11 janvier 888, ainfi que nous l'apprend fon épitaphe qu'on voit dans la cathédrale de Vienne [CHARVET, *Hist.*,
p. 634]. Il voulut fignaler le commencement de fon règne par des donations aux
églifes, comme on le voit dans cette charte et la fuivante. Il eut pour fucceffeur
fon fils Louis, dont nous donnons une charte fur l'an 894. Le royaume connu
fous le nom de Bourgogne Cifjurane ne dura pas longtemps & fut réuni en 936
à celui de la Bourgogne Transjurane.

(5) Ermengarde, qui a préfidé au plaid tenu contre le comte Bernard, était
fille de l'empereur Louis II & femme de Bofon, comte & enfuite roi de Provence
ou d'Arles. [P. De Rivaz, à raifon du défaut de concordance entre l'année &
l'indiction, rapporte ce plaid à l'affemblée tenue à la fin de 889, appuyant fa con-

jecture fur le nombre impofant d'évêques & de grands qui affiftèrent à la condamnation du comte Bernard; il remarque que cette ch. ne donne pas à Louis le titre de roi.]

(6) Collat.: l. 2 *muris... Vienna,* 4 *inlufter,* 7 *Vigo,* 9 *a. v. d. p. n. h.,* 10 *p.* (r. def.) *a. genitori meo v. genitrice mea,* 11 *remedium a. m. & remedium comitis fratris mei, d.,* 14 *memoriam,* 15 *cunctis propinquis meis,* 16 *cotidie,* 19 *Viennenfe* 20 *habet... terra,* 21 *terra,* 22 (a. def.) *volvente,* 23 *eft def... hos,* 24 *exivo... omnem,* 25-6 *s. s. j. d. c., ad p.,* 28... *le ipfius ec.,* 29 *prefectum,* 30 *Ea t.,* 31 *donatione ut nullus,* 32-3 *fuo dominio... tradi,* 46 *Sig. Ucgoni,* 48 *Bofoni,* 56-7 *an* xii *quod...*

(7) [Ch.-Em. DE RIVAZ indique d'après le Cartulaire de Vienne, p. 49, la ch. 18 de notre Appendice au Cartul. de St-André-le-Bas (*Coll. de Cart. Dauph.,* t. I, p. 227-8), & dans les archives de l'archevêché de Vienne, n° 690, l'original d'une ch. de 926 publiée par MABILLON (*Diplomat.,* p. 566)].

(8) Collat.: l. 2 *Kludov.,* 3 *facris locis,* 5 *fpectantes t. dictamur,* 10 *Karolus,* 12 *quand..* 12 *Viennenfi fitam q.,* 14 (*Albani*), 15 *matris,* 16 *urbi...* (d. def.), 17 (l. def.) *reliquiarum fub-ne,* 18 *comitali u. act.,* 19 *fer-tem,* 20 *amore,* 24 *filio noftro,* 26 *fubtracta,* 30 *preceptionem,* 34 *profpex.,* 36 *Cifirianum,* 38 *licet ecclefiis, d..* 39 *Albani,* 44 *omnibus &,* 45 *Soboni,* 52 xl *l... procellat,* 54 *ærarii,* 58 *anuli... affign. fuffimus,* 59 *aug. L. M.,* 61-2 xxvii *domni n. Klud.*

(9) Hugues, roi d'Italie, avait affocié à la royauté fon fils Lothaire dès l'an 930.

(10) Cette charte convient à l'an 942, car la lettre dominicale fut B et le 1er octobre fut un famedi; le notaire fait commencer le règne de Conrad en 939, comme beaucoup d'autres. CHORIER avait cru que *Vuilla* ou Vualda, femme de Ratburne vicomte de Vienne, était fille du roi Conrad, mais cette charte & plufieurs autres font voir l'impoffibilité de cette fuppofition. Conrad n'avait qu'environ 15 à 16 ans en 937, lorfque Rodolphe II mourut: qu'on juge s'il a pu être père de Vualda qui était déjà mariée en 942. — Ratburne était de très-grande naiffance; il nous dit dans un acte que nous donnons fur l'an 976 [xcii] qu'il était neveu de l'archevêque Sobon; ce prélat avait un frère nommé Ingelbert & une sœur nommée Gausberge, femme de Gérard de La Tour-d'Auvergne. Bérillon leur père, vicomte de Vienne, était frère d'Hugues comte de Provence & enfuite roi d'Italie: il avait pour père Thibaut comte d'Arles & [pour mère] Berte, fille du *roi* Lothaire & de Valdrade [renvoi à la table généalog. donnée au n° xiii].

(11)... Conrad-le-Pacifique date fes chartes de deux époques différentes: la 1re depuis la mort de fon père en 937, & l'autre depuis fa délivrance de la cour d'Othon-le-Grand, où il fut pendant deux ans retenu comme prifonnier par cet empereur fous le fpécieux prétexte de vouloir être fon tuteur. Je rapporte ci-après [lix & lx] deux chartes originales données dans le Viennois, dans lefquelles l'an 943 eft joint avec la 6e année de Conrad. — Ingelbert dont il eft ici parlé avait été le frère de Sobon, archevêque de Vienne; ils étaient fils de Berlion, vicomte de Vienne, & neveux d'Hugues roi d'Italie... Charles-Conftantin, comte ou prince de Vienne... Aimon évêque de Valence...

(12) Cet acte eft d'autant plus précieux qu'il nous apprend que le comté de Vienne était en 976 entre les mains d'un comte Humbert. Charles-Conftantin avait gouverné ce pays-là prefque en fouveraineté jufqu'en 961, comme on le prouve par une hypothèque d'Otmar & de fa femme d'une vigne dans le Viennois à *Brociano* deffus, pour 9 fols que Vernerius & Aimon leur avaient prêtés l'an 23 du règne de Conrad; le comte Charles & Ricard fon fils avaient foufcrit l'acte un famedi du mois d'avril: l'original eft parmis les titres non inventoriés des

archives abbatiales de Cluny [voir de Gingins, *Bosonides*, p. 225]. Dans une autre
charte, que nous donnons sous l'an 950 [LXIX], le comte Charles paraît avec ses
deux fils Rikardus & Hupertus, & Theutberge sa femme. Guichenon n'avait vu
que le Cartulaire de Cluny qui porte Rupertus. Je ne doute point que le comte
Humbert n'ait succédé dans le comté de Vienne à son frère Richard; il était déjà
mort en 1011, puisque Rodolphe III donna à la reine Hermengarde en l'épousant
le comté de Vienne & celui de Salmorenc, qui étaient sans doute vacants [t. II,
n° XIV].

(13) Conrad-le-Pacifique faisait l'office d'abbé de Saint-Maurice, à l'imitation de
de son père & de son aïeul. Il donne le nom de fils à Burcard, archevêque de Lyon
& prévôt de l'abbaye de St-Maurice; nous avons déjà observé que ce prélat était
né d'Adélaïe pendant qu'elle n'était que concubine de Conrad et avant qu'il
l'eut dotée & épousée publiquement, *etc.* Anselme, chanoine & chancelier de
l'abbaye de St-Maurice, était frère utérin de Burcard & beau-fils du roi Conrad.

(14) Presque tous les historiens modernes qui ont parlé d'un comte Vuillelme,
qui empêcha qu'Henri II ne s'emparât du royaume de Bourgogne en 1016, ont
cru qu'il était duc d'Aquitaine ou comte de Bourgogne & de Mâcon; cependant
nous avons des preuves qu'il s'agissait de Vuillelme ou Guillaume comte de
Provence, le même qui a souscrit cette charte comme étant le fils du donateur.
L'un & l'autre ont gouverné le royaume avec une autorité presque absolue,
comme Ditmar nous apprend. [L'auteur cite des passages de la chronique de
l'évêque de Mersebourg (Leibnitz, *Script. rer. Brunsv.*, t. I, p. 407), des vies de
saint Mayeul par Odilon (*Acta SS.* mai. t. II, p. 685), par Syrus (*ibid.*, p. 683)
& par Nalgodus (*ibid.*, p. 664), de la notice sur la fondation de Sarian près
d'Arles (*Acta SS. ord. Bened.*, t. VI, part. I, p. 574. & *Cartul. de Cluny* B, p. 3,
n° 4), de Rodolphe Glaber (D. Bouquet, t. VIII, p. 240) & de diverses chartes
(idem, t. X, pp. 7, 227 et 431), & en conclut] que les lieutenants du roi Rodolphe
étaient nommés assez indifféremment princes, gouverneurs, ducs ou marquis.

(15) Cette charte a des caractères de fausseté très-sensibles. Elle est datée de l'an 993,
sous l'archevêque Thibaut, ce qui s'accorde assez; mais elle est écrite par Gérard
ou Kérard, comme secrétaire d'Aimon évêque de Valence, archichancelier: ce
prélat n'a joui de cette dignité que depuis l'année 948 jusqu'en 960, qu'il fut
remplacé par Gérold ou Bérold, évêque de Genève. D'ailleurs le prêtre Henri fut
le secrétaire d'Aimon & Gérard le fut d'Henri, qui succéda à Bérold dans la
dignité d'archichancelier. Quant aux vices de la date, ils sont encore plus
frappants, *etc.* Il y aurait bien autant à reprendre sur les formules de l'acte,
qui étaient inusitées alors ou, pour mieux dire, qui ne l'ont jamais été...

(16) Quoique cette charte n'ait point le sceau du prince, elle n'est pas moins
originale, apparemment que Rodolphe IIIe du nom, qui venait de succéder à
son père Conrad, n'avait pas encore eu le temps de se procurer un sceau. [L'auteur relève ensuite l'erreur d'Herman Contract, qui fait mourir Conrad en 994;
sans attacher trop d'importance à l'inscription qui se voyait de son temps dans le
cloître de Notre-Dame de Vienne (Le Lièvre, *Hist.*, p. 339), il s'appuye sur un
grand nombre de chartes du chancelier Paldolfe (entre autres le n° XIV du t. II),
pour établir que le règne de Rodolphe a commencé en 993: il tient donc pour
une exception sans conséquence la ch. XLVI du t. II].

(17) Guigues, qui fait cette donation, est la tige des comtes d'Albon; il fut
père d'Humbert, évêque de Grenoble après Isarn, & de Guigues l'Ancien, qui
paraît avec cet évêque dans la fondation du prieuré de Moirans, en 1015 [t. II,
n° XXIII].

(18) Il est certain que cet acte ne saurait être de l'an 991, comme on lit dans le

Cartulaire de l'abbaye de Cluny: le copiste a omis un V. Car, d'un côté l'abbé Odilon dont il est fait mention a succédé à saint Maïeul en 994, de l'autre l'on ne voit paraître que Frédeburge mère de l'évêque Humbert, par conséquent son père *(Vigo)* était mort, & nous avons vu (n° cix) qu'il vivait encore le 7 septemb. 995; ainsi cette charte sera du mois d'octobre de la même année, ce qui répond d'ailleurs à la 3e année du règne de Rodolphe comme le porte cet acte. L'évêque Humbert succéda à Isarn vers l'an 990; nous le voyons encore paraître dans des chartes de l'an 1012, 1015 & 1030, que nous donnons ci-après.

(19) Collat.: l. 1 *Domni*, 2 *Teobbaldum*, 7 *Teutbaldus*, 8 *beato A-re L.*, 12 & 19 *orto*, 16 *Salmorence... nominatur*, 17 *Sar. m. q.*, 18 *A-re q. excollit*, 24 *ext.*, 32 *S. Ado*, 35 *Rollanus*, 36 viii [kal.] *novembris*, 37 *Rod*.

(20) Le comte ou marquis Rotbold était frère de Guillaume I⁺, qui gouverna le royaume de Bourgogne & qui se fit ensuite moine; ils étaient fils de Boson II, duc ou comte de Provence.

(21) On voit par cette charte que le comté de Vienne, possédé dans le Xe siècle par Charles-Constantin & Hupert, fils & petit-fils de l'empereur Louis-l'Aveugle, était rentré dans le domaine du roi à cette époque. Hermengarde, quoique veuve, était encore bien jeune lors de son mariage avec Rodolphe, puisqu'elle a vécu jusqu'après l'an 1057 que nous donnons une charte d'elle [n° xcvi]. Elle donna ce comté à l'église de Vienne, de l'autorité de son mari, en 1023 [n° xxxix].

(22) La date de l'an 1015 ne convient point à la 20e année de Rodolphe. Il faut 1012; à moins qu'on ne se soit servi d'une époque du règne de ce prince qui remonte deux ans avant la mort de Conrad son père, dont nous avons des exemples; mais le chancelier Pandolphe ne s'en servait pas, comme vingt actes le prouvent.

(23) Il est certain que cet acte est de 1016. Ditmar nous apprend (ap. Leibnitz, *Script. rer. Brunsv.*, t. III, p. 406 [R. S. R., 278]) que Rodolphe fit alors le voyage de Strasbourg pour céder son royaume à son neveu Henri le Saint, parce qu'il ne pouvait plus se faire obéir par ses sujets. En suite de cette donation l'empereur voulut prendre possession de la Bourgogne, mais Guillaume comte d'Arles, qui en était gouverneur, ayant appris ce qui s'était passé, munit si bien les places de guerre qu'Henri n'osa en faire le siége.

(24) Guichenon s'est trompé dans l'usage qu'il a fait de cette charte [op. cit., t. I, p. 192; le Burcard, fils d'Humbert l'Ancien, à qui il l'attribue, était évêque.]

(25) Le notaire donne ici 41 ans de règne à Rodolphe III, cependant 5o chartes différentes nous apprennent qu'il succéda à son père en 993; Vipo & Herman Contract, auteurs de ces temps-là, nous disent qu'il mourut en 1032, ce qui ne lui donne que 40 ans de règne: ainsi le notaire s'est servi de l'époque qui fait commencer ce règne en 992, ce qui suppose, comme nous l'avons déjà observé, que ce prince fut associé au trône par Conrad son père.

(26)... On ne saurait la donner (cette charte) pour vraie, par deux raisons: la 1ʳᵉ, c'est que Burcard, archevêque de Lyon, mourut en 1033, comme nous l'avons prouvé ailleurs; Burcard, archevêque de Vienne, qui doit avoir souscrit cette charte, mourut en 1031, comme la ch. n° lxvi le prouve. On ne peut pas dire que Burcard le jeune, qui s'empara de l'évêché de Lyon après la mort de son oncle, a scellé cet acte, puisque le siège archiépiscopal était rempli à cette date par Odolric, qui fut déjà sacré en 1041, comme Sigebert nous l'apprend. D'un autre côté l'évêque Mallenus, qu'on fait aussi paraître dans l'acte, était déjà mort en 1037, comme on le prouve par [la même ch. n° lxvi]: elle prouve qu'Artald était évêque de Grenoble en 1037..; d'ailleurs le comte Humbert Ier mourut vers l'an 1036, comme nous l'avons déjà obſervé ailleurs.

(27) On voit parmi les épitaphes du cloître de Notre-Dame, joignant l'égliſe de Saint-Maurice de Vienne, une ſtatue de la reine Hermengarde, au pied de laquelle on lit : *Quæ regina jacet intùs parietem. Sexto calendas aprilis, obiit Hermengarda uxor Rodulphi regis, qui obiit 8 idus ſeptembris, & dederunt ſanctæ Viennenſi eccleſiæ caſtellum civitatis & manſiones in urbe, quæ dicuntur ad Canales, & omnem comitatum Viennæ, cum omnibus quæ erant de fiſco regis* [Voir CHARVET, *Mém. de St-André-le-Haut*, p. lij].

(28) GUICHENON a cru que cette donation avait été faite ſous Amédée, fils d'Adélaïde de Suſe, mais il n'en a point fixé la date ni donné aucune raiſon pour appuyer ſon opinion. Voici ce qu'on peut dire à ce ſujet : Comme cet acte eſt daté du règne du comte Amédée, il faut qu'il ait été paſſé pendant un interrègne, ſans quoi on l'aurait daté des années de l'empereur alors régnant; or, pluſieurs chartes nous apprennent qu'Henri IV ne fut reconnu qu'après l'an 1065 en Bourgogne. Nous en avons une de l'an 1057 [*Cartul. de Romans*, n° 38] qui eſt datée «... an. 1e poſt mortem Henrici Imperatoris II, Domino regnante & regem expectante », une autre de l'an 1062 [*ibid.*, n° 40] finit encore par ces mots « Domino regnante & regem expectante », une autre du même jour [*ibid.*, n° 41] finit de même, enfin un accord du 27 août 1064 [*ibid.*, n° 55] finit de la même manière que les précédentes. Le premier acte que nous trouvons daté du règne d'Henri eſt du 13 octobre 1064 [*ibid.*, n° 56] : on voit par là qu'il ne fut reconnu en Bourgogne qu'au mois de ſeptembre; encore ne le fut-il pas généralement, puiſqu'une donation de 1065 [*ibid.*, n° 57] porte encore « Domino regnante », ainſi qu'une autre de la même année [*ibid.*, n° 58]. L'empereur ne fut donc reconnu généralement qu'après ſon mariage avec Berthe en 1066, comme on le voit par une donation du 19 avril. 1066 [*ibid.*, n° 63], qui finit par ces mots « Henrico electo imperatore feliciter », ce qui fixe ſur le mois d'avril l'hommage prêté à ce prince en Bourgogne. De toutes ces obſervations il réſulte qu'on ne peut placer cette charte qu'entre les années 1059 que le marquis Odon mourut et que ſon fils Amédée lui ſuccéda daus le comté de Savoie, où cette donation aura été paſſée, & 1066, en laquelle on commence à dater les années du règne d'Henri IV.

(29) La convention entre Adélaïde et l'archevêque Léger fut faite après la célébration du mariage d'Henri IV avec Berthe, fille de cette marquiſe, c'eſt-à-dire après l'an 1066, puiſqu'on donne à cet empereur le titre de gendre d'Adélaïde. Le copiſte a pris V pour II : on ne diſait pas « ſecundo kal. » mais « pridie..»; le 27 novembre n'a concouru avec la 3e férie et le 16 de la lune du vivant d'Adélaïde qu'en 1067.

PIÈCES ANNEXES

I

Placitum Ostorici comitis in Tornone castro [1].

(6) Février (814).

Notitia qualiter vel quibus presentibus bonis hominibus qui sub_ter firmaverunt, dum resideret Ostoricus comes missi gloriosissimi domni nostri Ludovici imperatoris in Tornone castro & in mallo publico una cum Stiligon, Droctado & Betelino, missos Leidradi archiepiscopo atque missos domini imperatoris, nec non Ariberno, Amalbert, Malberto missis dominicis, Valdierio, Ansmundo, Ragamberto, Lordoinus vel aliis quam plurimis bonis hominibus qui cum eos ibidem aderant, permultorum hominum altercacionis audiendas & negociæ causarum dirimendæ atque juxta vel recto judicio terminandas lites; piissimus domnus imperator per immensam suam clementia precepit per predictos suos missos jurabus Borgondiæ hac Septimanæ imperante in eo divina clementia, ut omnes homines in quoscumque invenire potuissent cui partibus fisci sive ecclesia sive ecclesiæ partibus vel qualibet homini a me in quacumque homines aut vicarios vel centenarios sive etiam ante missos dominicos vel in quacumque judiceria potestate vel qualibet ingenio injuste res abstractas fuerunt temporibus domni ac genitoris sui piissimi Karoli imperatoris, ut omnis animæ suæ salute ad pristinam in ejus dominatione revocarentur legitimæ debeat esse possessio. Per hanc autem auctoritatem secundum jussionem domni imperatoris veniens Vualaradus ante predictos missos, reclamavit & dixit ut infantes Avidoni condam Vutgerius & Vuinigius res unde cartæ in manu tenebat, interpellavit homine alico nomen Provardo avocatum ipsius Vuitgerio & requirebat ei, dicens quod ipse ipsiu exforciavit & tulit mal; ordine contra lege, unde pro hac causa pro sua remita festum nectante se in omnibus legibus adfirmavit sicut lex est de removendis ; ipsas res sunt sitas in pago Vienense, in agro Anonacense, in loco hubi vocabulum est Saracatis, sibi post Eraico,

fibi Melbanno : hoc funt in edificiis una cum ecclefia in honore
fancti Defiderii, cafis, cafaricis, exivis, campis, pratis, filvis, una
cum decimis, arboribus pomiferis & impomiferis, aquis aquarumque decurfibus & indecurfibus, terra culta & inculta, fontis, rivis,
molinaribus, omnia & ex omnibus ; ipfas res habent fines & terminaciones de uno latus rio Alfone procurrente, in alio latus terra
Sancti Mauricii vel Sancti Stephani, tertio latus rio procurrente quæ
dicitur Picione & terra Teudoni vel fuis heres : infra iftas fines vel
terminaciones ipfe ipfas res contendit, ipfa carta ibidem per bis &
ternis vicibus oftenfa & relecta fuit, interrogatum fuit ipfius Provardo advocatum ipfius Vuitgerio contra ipfa carta dicere aut appo-
nere volebat aut non, aut vera aut falfæ, fed ipfe bis & ternis vicibus in omnibus dixit quod vera aderat nam non falfa ; tunc per judicium fuper fcriptos ipfas res quantumcumque in ipfæ carta legi-
tur per fuus vuadios ipfui Vualarado vendedit qualiter lex eft & dedit
fidejuffore fuo nomen Teutberto, ut fuper ipfas res veniat & ei legitima viftitura faciat, ita & fecit ; propterea opportunum fuit Vualardo
ut tote noticiæ in avindicationis caufa collegere debuiffe, quod ita
& fecit ut poft hac die fubitæ & definitæ fit inter ipfos, his prefentibus hactum fuit. Facta notitia die lunis, primo quidem menfes
februarius, in anno Chrifti propicio primo imperante gloriorifimi
domni noftri Ludovici imperatoris. Sign. † Ariberno prefens fuit.
Sign. † Malberto prefens fuit. Sign. † Vualdiario prefens fuit.
Sign. † Vuintario prefens fuit. Sign. † Dadone. Sign. † Ludino.
Sign. † Arnulfo. Hiftilicon prefens fuit. Begeleius prefens fuit.
Flodoinus prefens fuit. Hoctadus, Hocfolricus prefens fuit. Vuandal-
marus fubfcripfi. Bœlem hanc noticiæ fubfc. Signum † Amalberto.
Sig. † Lendorno. Sig. † Teutberto. Sig. † Regnoni. Sig. † Do·
doldo. Sig. † Autgerio.

(1) P. de Rivaz, *Diplomat. de Bourgogne*, t. I, n° 3.

II

DONATIO RATBURNI VICECOMITIS ET VUALDÆ EJUS UXORIS
MONASTERIO CLUNIACENSI[1].

Samedi 1er Octobre (942).

SACROSANCTO & exorabili loco, in honore Dei Omnipotentis &
beatæ Dei Genitricis Mariæ fanctorumque apoftolorum Petri &
Pauli confecrato, in pago Matifconenfe, cui præeft domnus Hey-
mardus reverendiffimus abba, famulans inibi Deo & fanctis ejus cum
turba monachorum fibi credita. Igitur ego Ratburnus vice comes

& uxor mea Vualda, peccatorum noftrorum (molem) confiderantes crebrafque & inordinatas hujus caduci fœculi perfpicitates, donamus prædicto loco, Cluniaco fcilicet monafterio, aliquid de rebus juris noftri, quod eft in pago Viennenfe, in villa quœ vocatur Landadis, hoc eft ecclefiam quæ eft conftructa in honore fancti Martini, fimul cum presbiteratu & cum fua parrochia; habet ibi etiam partem de ipfa ecclefia, oc funt curtibus & manfis & filvas & .... quicquid ibi vifi fumus habere & ibi afpicit vel afpicere videtur, ufque in exquifito vel ad inquirendum eft nos donamus, ea tamen ratione ut, dum ego Ratburnus vixero, ufum & fructum de ifta omnia poffideam & omni anno in veftitura ad partem fancti Petri decimas quœ de eadem ecclefia exierint reddam, poft vero meum deceffum omnia cum omnibus ad jam dictum perveniant locum, & habitatores ejus quicquid facere voluerint faciant. Si vero ullus homo contra hanc donationem calumniam inferre conaverit, nifi cito refipuerit omni maledictioni fubjaceat, donatio autem ftabilis maneat. Signum Rat-burni & Vualdæ uxoris ejus, qui hoc facere jufferunt. Dodoni. Ber-tranni. Conftantini. Bilfemodi. Gloriofi. Ego Eldebertus fcripfi fa-bato die, kalendas octobris, anno IIII regnante Conrado rege, qui de eadem donatione preceptum juffit fieri & figillo fuo infigniri.

(1) P. DE RIVAZ, *Diplomat. de Bourg.*, t. I, n° 54. Voir la note 10.

III

DONATIO CAROLI COMITIS MONASTERIO CLUNIACI [1].

Janvier (952).

CUNCTIS fane confiderantibus liquide quod ita Dei difpenfatio quibufcumque conditionibus confuluit, ut ex rebus quæ tranfi-torie poffidentur, fi eis bene utantur, femper manfura valeant pre-mia promereri; quod videlicet divinus fermo oftendens poffibile, ait : « Divitiæ viri redemptio animœ ejus [2] », & iterum: « Date elemofi-nam & omnia munda funt vobis [3] ». Quod ego Carolus comes folli-cite perpendens, neceffarium duxi ut ex rebus quæ mihi temporali-ter Chrifto largiente collata funt, ad emolumentum animæ meæ aliquantulum impertiar ut, juxta Chrifti precepta, pauperes ejus amicos mihi faciant quatenus ipfi in pofterum me recipiant in æter-na tabernacula [4]. Igitur omnibus fidelibus notum fit quod ego, fu-pradictus Karolus comes, dono aliquid de rebus juris mei ob amo-rem Dei fanctis apoftolis ejus, Petro videlicet & Paulo, Cluniaco monafterio in alimonia fratrum ibidem confiftentium ac eis affidue fervientium, hoc eft allodus meus & villa, in pago Vienenfe, quæ vocatur Communiacus, cum ecclefiis, unam in honore beati Lazari, alteram in honore fancti Petri; infuper cum omnibus appenditiis, fcilicet vineis, campis, pratis, filvis, aquis aquarumque decurfibus, fervis utriufque fexus & œtatis, exitibus & regreffibus, queſitum & inquirendum, cultum & incultum, cum omni integritate; dono etiam aliam villam quæ vocatur Crogta & aliam quæ dicitur Impetris, cum omnibus appenditiis, *ut ſupra*... integritate. Hæc autem omnia Deo Omnipotenti & fanctis apoſtolis ejus jam dictis dono, pro remedio animæ meæ atque falute animarum genitorum meorum nec non & omnium propinquorum meorum, poſtremo autem pro omnibus Chriſti fidelibus vivis atque defunctis : ea fcilicet ratione ut, dum ipfe advixero, teneam & poſſideam & omnibus annis feſtivitate fancti Petri folidos XIIᵒⁱᵐ in cenfum perfolvam, poſt vero autem difceſſum meum fine ullius contradictione rectores prefati loci ſtatim in fuos recipiant ufus. Si quis vero contra hanc donationem calumniam inferre conaverit, nifi ad emendationem venerit, omni maledictione fubjaceat, hæc vero carta donationis ſtabilis & inconvulfa permaneat. S. Karoli comitis, qui hanc donationem fieri F firmare rogavit, Leutaldi comitis, Norduini, Iterii, Hugonis, Ratherii. Andreas fcripfit, data in menfe janua(rio), regnante Ludovico rege anno XVI, qui de eadem donatione preceptum juſſit fieri & figillo fuo infigniri.

(1) P. DE RIVAZ, *Diplom. de Bourg.*, t. I, n° 71. Voir les *Boſonides* de M. DE GINGINS, p. 215, n. 124-6.

(2) *Proverb.* XIII, 8. — (3) S. Luc. XI, 41. — (4) S. Luc. XVI, 9.

IV

DONATIO AMALFREDI SACERDOTIS MONASTERIO CLUNIACI [1].

Samedi (6-27) Mai (976).

NOTUM eſt legentibus qualiter fcriptura loquitur, dicens : « Divitiæ viri redemptio animæ ipſius », & Dominus dicit : « Date elemoſinam & omnia munda funt vobis ». Quapropter ego Amalfredus, quamvis indignus facerdos, timens extremum diem judicii fimulque multitudinem peccatorum meorum confiderans, dono res meas Domino Deo, fanctifque apoſtolis ejus Petro & Paulo, ad monaſterium Cluniacum ubi domnus Maiolus abbas præeſſe videtur; inprimis dono in villa Medone quidquid mihi retentum habeo poſt primam cartam[2] ufque in inquiſitum, fimiliter & in Sentinatis loco ufque ad inquiſitum & in Cafellis villa quæcumque vifus fum habere, tam ex mea parte quam ea quæ ex parte avunculi mei Bernoni obvenerunt; fimiliter & in Manfionatis quæcumque vifus fum habere, & in Valle fimiliter campos, vineas, filvas , aquas aquarumque decurfibus ufque ad inquifitum; & in Subvineas , ad locum ubi dicitur in Molaria, campum unum; dono etiam & in Revoleria filva medietatem de ipfa quæ legibus donare poffum. Hæc omnia fuperius denominata dono ad fupradictum locum Cluniacum , tam pro anima mea & patris mei Geraldi & matris meæ Anaftafiæ fratrifque mei Siffredi atque avunculi mei Amalfredi omniumque parentum meorum tam vivis quam defunctis, ut habeant monachi refpredictas a me libenti animo traditas, teneant, poffideant & faciant de ipfis rebus quicquid illis placuerit in omnibus fine ulla contradictione; nepotem autem meum, nomine Gyrbertum, in fuam fufcipiant dominationem litterifque facris eum imbuant ac monachum faciant. Si quis vero contra hanc donationem ire præfumpferit, &c. Signum Amalfredi, qui elemofinam iftam fieri & firmare rogavit. Signum Humberti comitis. Sig. Soffredi, & fimiliter alii Soffredi, Bernardi, & Berni, & Berlioni , & Teubodi , & Siofredi, & Tixilini , Ingelbotoni, Salomonis, Adroldi, Arnoni, Bofoni, Girboldi, Amblardi....... Data per manum Amalguini vicecancellarii, fub die fabbati , menfe maio, anno xxxviiii regnante Gondrado fereniffimo rege.

[Locus figilli regis Conradi in membrana affixi.]

(1) P. de Rivaz, *Diplomat.*, t. I, nº 91. Voir la note 12.

(2) « Adeft alia ejufdem donatio de iifdem rebus, fub conditione ut monachi Cluniacenfes conftruant apud Medonem locum ubi monachi poffint degere; fcripta per Amalguinum, kalendas decembris, die veneris anno xxxv regni Conradi, id eft anno 971. Sic eft data in originali, aliter autem in Cartulario, p. 200. Ex hac concluditur Rodulfum II obiiffe fub finem anni 937, aliter computaffet notarius annum xxxvi Conradi (Note de la *Diplom.*) »

V

Donatio medietatis castri Visillæ loco Cluniaci [1].

991 [995-6].

Notum fit omnibus hominibus, tam prefentibus quam futuris , quod Ego Humbertus, epifcopus Gratianopolitanus , dono Domino Deo & fanctis apoftolis ejus Petro & Paulo & loco Cluniaci , ubi domnus Odilo abba magis videtur prodeffe quam preeffe, & fratribus ibidem fervientibus Deo, prefentibus & futuris ; dono ego fupradictus Humbertus medietatem caftri de Vifilia, cum domo mea, & totum burgum, cum ecclefia Sancte Marie, & omnia que ad ipfam ecclefiam pertinent ; totum ab integro dono, laudo & confirmo fupradicto loco , fine ullo calumniatore, videlicet pro remedio anime mee & parentum meorum vivorum · & mortuorum,

& maxime patris mei & matris mee, ut Deus Omnipotens det nobis partem & societatem in orationibus & elemosinis & in omnibus bonis que fiunt in supradicto loco & in omnibus locis ad se pertinentibus; item dono ecclesiam Sancti Martini de Ponte Roso , cum decimis & cimiteriis & oblationibus, & cum omnibus que ad ipsam ecclesiam pertinent : totum ab integro dono ego supradictus Humbertus loco prenominato, pro remedio anime mee, sine ullo calumniatore. — Sig. Humberti episcopi, qui hoc donum fecit & testes firmare rogavit. S. Fredeburgis matris ejus. S. Wigonis fratris ejus. Sig. Humberti episcopi de Valentia, nepotis ejus. Si quis autem hanc donationem nostram vel elemosinam infringere voluerit, inprimis iram Dei Omnipotentis & sanctorum apostolorum Petri & Pauli & aliorum omnium sanctorum incurrat (si) non ad satisfactionem venerit, & ad ultimum sit participatio ejus cum Datan & Abiron, sive cum illis qui dixerunt Domino Deo : « Recede a nobis 2 »; si quis vero observator extiterit, veniant super eum omnes benedictiones Veteris & Novi Testamenti, amen, amen, fiat, fiat. Facta est hec carta anno ab Incarnatione, Domini nongentesimo nonagesimo I°, regnante Rodulfo rege anno III regni ejus.

(1) P. DE RIVAZ, *Diplomat.*, t. I, n° 110. Voir la note 18. — (2) JOB. XXI , 14.

VI

PRECEPTUM RODULFI REGIS DE AQUIS VILLA ET ABBATIA MONTIS JOVIS [1].

24 Avril 1011.

IN NOMINE SANCTAE ET INDIVIDUAE TRINITATIS, RODOLFUS DEI CLEMENTIA REX. Notum sit omnibus natis & nascendis qualiter , conjugali amore attractus primatumque regni mei consilio ammonitus, dono dilectissime sponse mee Irmengardi Aquis villam sedem regalem, cum colonis ejusdem ville nostre proprietatis , sicut ab eis inhabitatur & terra ab eis excolitur; & do ei Anassiacum fiscum meum indominicatum, cum appendiciis suis & servis & ancillis; & do ei abbatiam Montis Jovensis Sancti Petri integriter; & do ei fiscum meum Ruda, cum Appendiciis suis & servis & ancillis; & do ei Fonz regale castellum, cum appendiciis suis, & talem partem ville Evonant qualem Heinricus ibi visus est habere, cum servis & ancillis & omnibus appendiciis; & dono ei Novum Castellum regalissimam sedem, cum servis & ancillis & omnibus appendiciis; & dono ei Averniacum , cum servis & ancillis & omnibus appendiciis ; & dono ei Arinis , cum omnibus pertinentiis suis & servis & ancillis. Habeat

ergo fupra nominatas res fub poteftate habendi, donandi, vendendi
vel quicquid ipfi placet inde faciendi. Ut hec a nobis facta credantur
& a pofteris noftris non infringantur, manu noftra roboravimus &
figillo noftro juffimus infigniri.

D

Signum domni Rodolfi R·V·F regis nobillimi.

L

Paldolfus cancellarius recognovi.

Data viii. kalendas maias, luna xvii, indictione   , anno ab Incarnatione Domini M. XI, regnante domno Rodolfo rege anno
xviiimo. Actum Aquis.

(Au dos) Ego Regina HERMENGARDA hec omnia infcripta
michi data dono Deo & fancto Mauricio ecclefie Viennenfi.

(1) Bien que ce diplôme ait été publié plufieurs fois (cf. *Coll. de Cart. Dauph.*,
t. I, p. 250), nous avons cru utile de le reproduire plus exactement d'après
l'original confervé aux arch. de la Préfect. de l'Ifère. Le parch. a 45 centim.
en largeur fur 38 de haut; les lignes font au nombre de 12. Il a été fcellé en
cire brune du fceau plaqué de Rodolphe III, dont la matrice a été appliquée à
rebours; il repréfente le roi revêtu des infignes de fa dignité & offre en légende :
RODVLFVS PIVS REX. On lit encore au dos: *Donatio facta per dom. Her-
mengardam ecclefie Sancti Mauritii Vienne*, & les cotes n° 2 K, † S, 674, 691.
Voir l'*Invent.* des archives des Dauphins en 1346, n° 1692.

VII

Donatio comitis Amedei et Adelæ cœnobio Cluniaci [1].

(Env. 1036).

Sacrosancto cenobio Cluniacenfi quod conftructum in honorem
fancti Petri apoftolorum principis, ego Amedeus comes & uxor
mea Adela donamus aliquid de hereditate noftra in comitatu Beli-
cenfi, in villa Larnitus, terram quam Vuillelmus tenet de Amedio
comite & ipfum Vuillelmum cum infantibus fuis quos de modo
habet & in antea habuerit.

[Locus figilli membranæ olim affixi, cujus veftigia fuperfunt].

(1) P. de Rivaz, *Diplom.*, t. II, n° 76.

VIII

Conradi III regis Roman. diploma pro Silvione de Clariaco [1].

16 Septembre 1151.

(1) Ce diplôme a été publié incomplétement par Valbonnais (*Hift. de Dauph.*,
t. I, p. 89, d'après le V° reg. de fes mss., n° 18) et plus exactement par M. Giraud

(Effai hift., 1re part , pr. p. 321-2, d'après une copie fournie par M. Pilot, p. 206). La collation attentive de l'*original* (aux arch. de la Préfect. de l'Ifère, parch. de 22 lig., avec trace de bulle fur double queue) nous a fourni les corrections ci-après au dernier texte publié: l. 4 *utilitatibus,* 7 *ma. vi. jufticiam im.*, 10 *pretexate,* 11 *fuc. tuos, ab,* 17 *fanctimus,* 19 *tolonea,* 25 *Purcardum,* 16 *Conradum, Anfelm. Conftancien.,* 27 *Dither. & Thieter.* Les mêmes archives poffèdent un *vidimus* expédié à Chambéry, le 21 mars 1430, par « Johannes Villici, in utroque jure bachalarius, prior prioratus Argentine, Mauriannen. dyoceſs, cura-tuſque ecclefiarum Albini & Montis Mellani, officialis curie Chamberiaci pro rev. in Xe patre et dome d. Ay(mone) Dei & apoft. fedis gracia Gracionopol. epiſcopo », qui déclare avoir « pro parte illu & magnei principis & domi d. Amedei Sabaudie ducis » vu « quand. paginam feu lictreram incl. record. domi Conradi, Dei gracia Romanorum regis fecundi, in pargameno fcriptam & ejus bulla aurea cum filis firicis rubei coloris impendenti bullatam, fanam & integram... »; au dos : *Vidimus litterarum domi Conradi Romanorum regis excluſionis principis Silvionis ab omni comitatu & conceſſionis imponendi pedagia apud Voltam & Cumfolenciam.* Cff. Bréquigny (III , 190) & Stumpf (n° 3584), qui fait obferver que Conrad III était à cette date à Wurtzbourg et non à Worms (*Garmacie*); la préfence, parmi les témoins, d'un Anfelme comme évêque de Conftance n'eft pas non plus fans difficultés (Mooyer, p. 30; Potthast, p. 302).

IX

Frederici I regis Roman. diploma pro Silvione de Clariaco [1].

(Juin) 1153.

CIn nomine fancte & individue Trinitatis, Fridericus divina favente clementia Romanorum rex auguftus. — Principalem munificen-tiam decet virtutum premia merentibus tribuere & fideliffimos quof-que dignis honorum gradibus pervectos [2] ceteris circa res imperiales devotis in exemplum & bone fpei fignum collocare. Quocirca nove-rit omnium fidelium noftrorum , tam future quam prefentis etatis industria quod nos pro fideli devotione atque conftantia quam nobis & imperio noftro indefeffo ftudio exhibuifti , concedimus tibi, vir nobilis Silvie de [3] Clariaco [4], & per te legitimis heredibus tuis , in feodum [5] caftrum Clariacum & Charamaneum [6]*, necnon thelonea & pedatica ad ipfa pertinentia , feu alias poffeffiones quas de jure regni noftri poffediffe dignofceris : falva nimirum imperii noftri juftitia ; & habeas tam tu quam heredes tui legitimi plenariam potef-tatem in his omnibus difponendi, utendi , fruendi , commutandi , tranfactandi, ingrediendi & egrediendi abfque ullius contradictionis moleftia, & facietis nobis noftrifque fucceffloribus pro his omnibus tale fervitium tam in militia quam in curia quale debent cafati noftri qui fimilia beneficia a nobis habent, nullique de eifdem poffef-fionibus facietis hominium [6] & fidelitatem nifi nobis aut noftris fuc-ceffloribus regibus five imperatoribus. Si quis vero, quod abfit , in eafdem poffeffionibus quas tibi &[7] tuis heredibus legitima traditione donavimus & imperiali auctoritate confirmavimus aliquo modo moleftare te vel heredes tuos prefumpferit, banno regali fubjaceat & centum libras auri puriffimi componat, quarum partem dimidiam camere noftre, reliquam vero tibi tuifque heredibus perfolvat. Et ut hec donatio five confirmatio rata & inconvulfa[8] permaneat, prefentem paginam aurea bulla noftra infigniri juffimus manuque propria corroborantes, idoneos teftes fubtus notari fecimus quorum nomina funt hec : Arnoldus Colonienfis archiepifcopus, Cuonradus Auguftenfis epifcopus, Burchardus Argentinenfis epifcopus , Gunterus Spirenfis epifcopus, Cuonradus Wormacienfis epifcopus, Wibaldus Stabulenfis abbas, Fridericus filius imperatoris Cuonradi, dux Swevie & Alfacie, Henricus[9] dux Bavarie , Henricus dux Saxonie, Hermanus palatinus comes de Reno, Othelricus comes de Lenceburch, Vuarnerius comes de Bachena, Amedeus comes Gebennenfis, Guigo de Domena, Petrus de Vinaico[10].

Signum domini Friderici invictiffimi [11] Romanorum regis.

— Ego Arnoldus , Moguntine fedis archiepifcopus & regie curie cancellarius, recognovi, anno Dominice Incarnationis M. C. LII[12], indictione II, regnante Friderico Romanorum rege augufto, anno vero regni ejus II°. Data Vuormatie, eadem die qua prefatus Arnoldus cancellarius in archiepifcopum Moguntine fedis fublimatus eft, in Xpifto, feliciter, amen.

(1) Publié, fauf le préambule, par M. A. DE GALLIER dans le *Bull. de la Soc. d'archéol. de la Drôme* (t. II, p. 25-6), ce diplôme nous a été conferré par - a) un *vidimus* donné le même jour que celui de la ch. préced. et par le même official, atteftant avoir examiné « quand. paginam aurea bulla incl. record. dom¹ Friderici Romanorum regis infignitam impendenti, fanam & integram... », au dos : *vidimus litterarum Frederici Romanorum regis infeudacionis caftri Clariaci Haramanci facte Silvo de Clariaco* ;-b) la copie (arch. du chât. de St-Vallier) d'un *vidimus* délivré le 18 mars 1345 (a. s.) par Pierre Melhet, juge mage des comtés de Valentinois & de Diois, à la requête d'Étienne Guoterie, clerc & procureur d'Aimar de Poitiers, comte & feigneur de la baronie de Clérieu, avec defcription minutieufe de la bulle d'or, acte paffé « apud Criftam, in domo Sancti Rufi, quam inhabitat dict. dom. judex »;-c) un texte à peu près identique dans les *Documents mff.* de Guy ALLARD (Bibl. de Gren.), t. VIII, f° 561 ; -d) un autre différent dans les *Mff.* de VALBONNAIS, V° reg., n° 19 (tiré d'un rouleau coté Priviléges accordés aux évêques de Vienne & d'Avignon). Remarquer la fimilitude complète, *mutatis mutandis*, de ce diplôme avec celui du même jour accordé à l'églife de Vienne (VALBONNAIS, *Hift.*, t. I, p. 138).

(2) Var. *provectos.* — (3) A. *Silvius.* — (4) V. *Cleyr.* — (5) V. *feud.* — (5*) A C *Har...* — (6) V. *homagium.* — (7) V. *ac.* — (8) V. *inconcuffa.* — (9) A *Henpr.* — (10) V. *Voaynayco.* — (11) A *illuftriffimi.* — (12) Sic omnes, leg. *LIII.*

X

FREDERICI IMPERATORIS DIPLOMA PRO ECCLESIA DE ROMANIS [1].

25 Novembre 1157.

(1) Après avoir publié ce diplôme à la suite du Cartulaire de St-André-le-Bas (*Collect. de Cartul. Dauph.*, t. I, p. 300-1), d'après une copie (xv° s.) en lambeaux des archives de la Drôme, nous en avons rencontré à celles de l'Isère un excellent *vidimus*, dont le notaire déclare avoir voulu faire un *fac-simile*; il fut expédié à Romans, « in confistorio curie officialatus », le 5 octobre 1355, par « Humbertus Marchiandi, juris utriufque peritus, officialis Viennenfis apud Sanctum Donatum, vices gerens in Romanis domini noftri P(etri) Viennenfis ar-chiepifcopi abbatifque S¹ Theuderii & de Romanis comictifque Vienne », fur la *requête d'André Micol, prêtre, fous-clavier & procureur de l'église de St-Barnard de Romans, du facriftain & du chapitre, avec longue & curieufe defcription de* la bulle d'or. La fufcription eft en capitales, précédée du *C* invocatif; voici les variantes & corrections : l. 1 *Frid.*, 3 *D. confpicientis e.*, 4-5 *ad imperialem n. m. p. totius i.*, 6 *pue om... eccl. comodit om.*, 7 *cur. tanta aviditate im. omniaque eis ad-cta f. o. feftinacione abolere ne p. a. i. vilefcant vel n.*, 12 *Willeh.*, 13 *Clayr.*, 14 *c. fratribus e.*, 16 *quati.*, 16-7 *o. fratrum R.*, 19 *f. ficut h.*, 20 *Q. v. r.* 21 *ob p. fidei m.*, 22 *fu. condigna fe.*, 26 *adhifp.*, 28 *hacthe.*, 29 *perhe.* 37 *difveft.*; 41 *Ne quit*, 42-3 *adhiberi*, 44 *Gui-*, 47 *Udar. de Lanc... Tages-*, 48 *Frid.*, 54 *glorioffilmo.*

XI

PRIVILEGIUM IMPERIALE CONCESSUM GAUFREDO EPISCOPO GRATIANOPOLITANO [1].

(Env. 22 Juin) 1161.

C'IN NOMINE SANCTÆ ET INDIVIDVÆ TRINITATIS, FREDERICUS DIVINA FAVENTE CLEMENTIA ROMANORVM IMPERATOR AVGVSTVS.— Iufticia exigit & ratio ipfa perfuadere videtur, ut omnium quidem ad imperium noftrum fpectantium curam habeamus, fed imperialis clæmentiæ dexteram illis precipue porrigere debemus quorum fidem finceram & devotionem promptiffimam circa honorem noftræ perfonæ & coronæ magis florére ac vigére cognofcimus. Eapropter tam futurorum quam prefentium ætas indubitanter agnofcat, quod fidelem ac dilectum principem noftrum GAVFREDVM Gratiopolitanæ æcclefiæ venerabilem epifcopum eiufque æcclefiam, cui Deo auctore preeffe dinofcitur, & univerfa fibi pertinentia fub noftram imperialem protectionem atque tutelam recepimus, & regalia noftra pro ut ea melius & liberius anteceffores fui ufque ad eius tempora habuerunt, & quæ in Graticpoli & apud Sanctum Donatum five in toto epifcopatu fuo poffidere cognofcitur, omnefque poffeffiones quas in prefenti lægitime habet vel quæcumque in pofterum Deo juvante rationabiliter & jufte acquirere poterit, noftra imperiali auctoritate predicto epifcopo eiufque fucceffioribus confirmamus. Ad

amplioris quoque gratiæ cumulum ſtatuentes adicimus & imperiali
ædicto precipimus , ut nulla , perſona ſecularis vel æcclefiaſtica ,
nullus princeps vel prépotens, nulla omnino poteſtas ſupramemo-
ratum epiſcopum vel eius æccleſiam in aliquo gravare vel offendere
ſive diminuere preſumat, ſed tam ipſe epiſcopus quam eius æccleſia
ab omni læſione & inquietatione immunis habeatur. Si quis autem
huic noſtro precepto contraire attemptaverit , auri puriſſimi libras
L. tanquam noſtræ maieſtatis reus componet & perſolvet , noſtro
imperiali fiſco inferendas. Huius vero confirmationis teſtes ſunt :
Hermannus epiſcopus Verdenſis, Syrus Papienſis epiſcopus, Stephanus Viennenſis archiepiſcopus , Gaufredus Avinionenſis epiſcopus,
Otto comes Palatinus & junior Otto frater eius, Boiezlaus dux Polo-
nicus, Everardus comes de Phirrethé, Henricus comes de Thuingen,
comes Cuonradus filius comitis Rabodonis , comes Gevehardus de
Luckenberch, Burchardus burcravius Megdeburgenſis, Cuono came-
rarius & alii quam plures.

SIGNVM DOMINI FREDERICI ROMANORVM IMPERATORIS INVICTISSIMI.

(L. M.)

Ego Vlricus cancellarius, vice Reinaldi Colon(ienſis) archie-
piſcopi & Ytaliæ archicancellarii, recognovi. Acta ſunt hæc anno
Dominicæ Incarnationis Mᵒ. Cᵒ. L Xᵒ. Jᵒ, indictione viiiᵃna, regnante domino Frederico Romanorum imperatore victorioſiſſimo ,
anno regni eius xᵐᵒ, imperii vero viiᵐᵒ, feliciter, amen.

(1) Original aux arch. de l'évêché de Grenoble , parch. de 17 lig. avec trace
de bulle ſur pll. Voir notre *Notice ſur le Cart. d'Aimon de Chiſſé*, nᵒ 1, et
STUMPF, nᵒ 3911.

XII
FREDERICI IMPERATORIS DIPLOMA PRO RAIMUNDO D'AGOLT I.
6 Août 1178.

FREDERICUS, Dei gracia Romanorum imperator auguſtus. Dignum
omnino judicamus & in imperiali conſuetudine ſemper habendum cenſemus, ut qui pociores² fidei meritis in ſervitio imperii cla-
ruerunt, amplioris gratie retributionem ab imperiali munificentia
conſequantur. Eapropter notum eſſe volumus omnibus imperii
noſtri fidelibus, tam futuris quam preſentibus, quod Nos tibi, Rai-
monde de Agolt, ob fidelitatis obſequia que tua nobis induſtria
habunde exhibuit , totum territorium quod dicitur Vallis Saltus ,
ſcilicet caſtra & villas, & quicquid infra predictos terminos continetur, ſive terra ſit culta ſive inculta, ad fidelitatem imperii & corone
perpetuo habendum concedimus, ita prorſus ut quiſquis in predicto
territorio aliquid tuo nominet poſſidet , id profecto ſicut hactenus
tenuit, noſtra deinceps conceſſione teneat & tibi inde fidelis exiſtat.

Super predictum itaque Vallis Saltum plenam tibi jurifdictionem, in
quantum ad regiam poteftatem pertinere dinofcitur, auctoritate imperiali concedimus & confirmamus, teque, cum univerfis bonis que
ab imperio legaliter tenes vel etiam anteceffores tui ad te legittime
perduxerunt, ad fervitium noftre corone fpecialiter retinemus ;
nulla umquam perfona interponenda cui inde fubjectionem vel hominium debeas, nullo etiam refcripto contra hoc umquam valituro.
Preterea quicquid juris habes in ftrata vel in pedagio vel in toto
comitatu Dienfi vel de jure habere debes, id tibi pleniffime confirmamus: falva in omnibus imperiali jufticia. Precipientes igitur
jubemus & ftatuimus quatinus in omnibus fupradictis nulla omnino
perfona magna vel parva prefumat te inquietare vel ulla violentia
gravare; fi quis autem contra hec precepta noftra venire prefumpferit, quinquaginta libras auri pro pena componat, medietatem
fifco noftro, medietatem tibi predicto Raimondo perfoluturus. Ad
fupradictorum vero memoriam & obfervationem perpetuam, prefentem cartam fecimus inde confcribi & mageftatis noftre figillo
roborari.

Datum apud caftrum Montilium Adimar, anno Dominice Incarnationis Mº. Cº. LXXº. VIIJº, indictione xiª, viiiº idus augufti
menfis.

(1) Parch. de 15 lig. communiqué par M. L. Faure (de Grignan), fans trace
actuelle de fceau & probablement copie, d'après cette note au dos : « Privilege
& confirmation de la donation de Sault & de fa vallee faite par l'empereur
Federic a Raymond d'Agoult; c'eft la mefme qui eft cotté nº 2 »; coté auffi
nº Z. — (2) Il y a *poctoers*.

XIII
PRIVILEGIUM CONCESSUM DOMINO MEDULIONIS PER IMPERATOREM FREDERICUM 1.
8 Août 1178.

IN NOMINE SANCTE ET INDIVIDUE TRINITATIS, FREDERICUS DIVINA
FAVENTE CLEMENTIA ROMANORUM IMPERATOR AUGUSTUS. — Quo-
tiens ab imperatoria benignitate fideles imperii digno beneficiorum
refpectu honorantur, ea que ipfis conferuntur fcriptis annotari
condecet, ne decurfu temporis a memoria labantur & ne pravis
ingeniis in bonis & honeftis factis malignandi occafio relinquatur.
Quapropter notum facimus univerfis imperii noftri fidelibus, tam
futuris quam prefentibus, quod nos tibi, Raimunde de Medullione,
tuifque legitimis fucceffores, ob nobilitatis & induftrie tue merita
quibus fides tua imperio claruit, quicquid fub noftro habes & poffi-
des jufte 2* imperio five alii per te, feu id feudum fit feu allodium,
ad fidelitatem imperii & corone perpetuo concedimus; & quicquid
in antea tu & tui fucceffores legitime potueritis acquirere, & hec

noftra auctoritate vobis confirmamus. Preterea te tuofque fucceffo.
res, nulla umquam interponenda perfona, ad obfequium corone
noftre fpecialiter retinemus, nec dominium nec jurisdiçionem° fuper te vel homines tuos ubicumque habes vel alii per te cuiquam
concedemus; ftatuentes precepto noftro ut in his te nemo difveftire
vel ulla violentia prefumat moleftare: falva in omnibus imperiali
juftitia. Si quis autem huic precepto noftro obviaverit, pena XL.
librarum auri feriatur, quarum medietas fifco noftro, refidua tibi
& tuis heredibus perfolvatur; & fi quid his a nobis per fubreptionem
fuerit contrarium impetratum, effeçtu careat, nullo contra hec valituro refcripto. Ad cujus rei evidens argumentum, prefens privilegium aurea majeftatis noftre bulla roboratum, dileçtioni tue contra-
dimus. Teftes: Hugo Verdenfis epifcopus, Radulfus[7] notarius,
Rupertus[8] de Durna, Boto de Meffingen[9], Hermannus[10] de Oya,
Cunradus[11] pincerna & alii quam plures.

Signum domini Friderici Romanorum imperatoris inviçtiffimi.

(L. M.)

Ego Godefredus[12] cancellarius, vice Rutberti[13] Viennenfis archie-
pifcopi, regni Burgundie archicancellarii, recognovi.

— Açtum anno Dominice Incarnationis M°. C. LXX. VIII, indictione XI, regnante domino Friderico Romanorum imperatore gloriofiffimo, anno regni ejus XX° VII°, imperii autem XX IIII°, feliciter,
amen. Datum in civitate Valentia [14], VI. idus augufti menfis.

(1) Texte fourni par un *vidimus* parch. (aux arch. de la Préfeçt. de l'Ifère) délivré, la veille des ides (14) d'oçtobre 1272, par Giraud (*de Libra*), évêque de
Vaifon, fur la préfentation de noble Raymond de Mévouillon, feigneur de ce
lieu, avec defcription de la bulle d'or de l'empereur & appofition de celle en
plomb de l'évêque. Une copie de ce vidimus exifte aux mêmes arch. dans le reg.
*Copie plur. literarum ac inftrum. dalphin. patrimonium judicat. Ebredun. tangen.
& Baron.* (B. 306), f° 225. Autre copie du diplôme dans le *Cartularium Delphinorum* (Bibl. imp., ms. l. 9908), f° vij (n° 5 de notre *Notice*); autres dans le ms.
5968 de la biblioth. de Sécouffe (f° 36 v°) & dans les Preuves de l'*Hift.* ms. *de
Dauph.* de Fontanieu, t. II, 1re part., p. 337 (n° 35 de notre *Notice*). Voir
l'*Invent.* des arch. des Dauph. en 1346 n° 2 & 1290.

(2) Var. *t. pr. q. ju.* — (2°) V. *juro.* — (3) V. *feod.* — (4) A *coronam.* — (5) A
aq... — (6) V. *jurid.* — (7) V. *Rondulphus.* — (8) A *Rober.* — (9) A *Botto
de Meffignen.* — (10) A *Hermahus.* — (11) V. *Conraudus.* — (12) V. *Gotefridus.*
— (13) A *Rob.* — (14) V. *D. c. V. ia.*

XIV

PRIVILEGIUM IMPERIALE CONCESSUM JOHANNI EPISCOPO
GRATIONOPOLITANO 1.

20 Août 1178.

C IN NOMINE SANCTÆ ET INDIVIDUE TRINITATIS, FRIDERICUS DIVINA
FAVENTE CLEMENTIA ROMANORUM IMPERATOR AUGUSTUS. —

Si iuftas ecclefiafticorum prelatorum peticiones ad commoditates
ecclefiarum illis creditarum tendentes clementer admittamus, credi-
mus nobis ad æterni regni meritum & temporalis gloriæ titulum
proficere, ac eos quorum preces dignis effectibus honoramus de
cetero nobis fore fideliores & ad orationes pro noftro & imperii
ftatu Regi regum porrigendas exiftere promptiores. Notum igitur
facimus univerfis imperii noftri fidelibus tam futuris quam prefentibus, quod nos attendentes fidem & merita quibus dilectus & hono-
rabilis imperii noftri princeps Johannes Grationopolitanæ ecclefiæ
venerabilis epifcopus in confpectu noftræ ferenitatis prudentia &
honeftate commendabilis apparuit, poftulationi fuæ benigno per
omnia vultu acquiefcere dignum duximus, ipfumque & fuam ecclefiam cum omnibus eius pertinentiis in noftræ tuicionis fpeciale
patrocinium fufcepimus. Auctoritatis itaque imperatoriæ munere
benivolentia concedimus & confirmamus eidem & fuis per cum fuc-
cefforibus ecclefiæque Grationopolitanæ, quicquid de antiquo vel
de novo iure ipfe vel fui anteceffores nomine illius ecclefiæ legitime
poffederunt vel poffidere iure debuerunt, videlicet: regalia omnia a
caftello quod dicitur Bellacumba inferius in utraque ripa Yfaræ
fluminis per totum epifcopatum, in civitate & extra civitatem, in
agris, vinetis, pafcuis, pratis, filvis, nemoribus, terris cultis & in-
cultis, aquis aquarumque decurfibus, paludibus, portubus, viis &
inviis, venationibus, pifcationibus, caftellis, villis, hominibus,
plateis, pedagiis, monetis, foro, argenti fodinis, furnis, molen-
dinis, in faciendis iudiciis & bannis tollendis & ceteris iufticiis, &
generaliter univerfis pertinentiis quas eadem ecclefia per fuos epifcopos ab imperii clementia hactenus iufte poffedit & tenuit, vel iuris
ratione poffidere ac tenere debuit, & ea fimul quæ in futurum Deo
favente rationabiliter acquirere poterit. Hec, inquam, & cetera que-
que que eadem ecclefia in quibuflibet epifcopatibus feu comitatibus &
territoriis habet, & nominatim caftrum Sancti Donati cum omnibus
appendiciis eius, eidem ecclefiæ & prefato fideli noftro Johanni epifcopo & fuis in perpetuum fucceforibus concedimus & confirmamus:
falva tamen in omnibus imperiali iufticia. Precipimus ergo imperiali
edicti vigore, ne forte ulla unquam perfona magna vel parva pre-
dictam ecclefiam & eius epifcopos in omnibus fupradictis aliquatenus
difveftire vel aliqua violentia feu moleftia inquietare prefumat; fi
quis autem aufu temerario contra hec noftræ fublimitatis precepta
venire prefumpferit, a gratia noftra exclufus ac imperialis banni
vinculo fit innodatus, & pena quinquaginta librarum auri puriffimi
condempnatus, quarum media pars fifco imperiali, refidua epifcopo
Grationopolitano exhibeatur. Vt hec vero rata deinceps & inconvulfa
eidem ecclefiæ & eius epifcopo quicumque is pro tempore fuerit

obferventur, prefentis privilegii paginam fecimus inde confcribi & aurea noftræ maieftatis bulla roborari; teftibus annotatis qui funt: Gvikardus primas Lugdunenfis, Odo Valentinus epifcopus, Hugo Verdenfis epifcopus, Hugo dux Divionis, Gvillielmus comes Valentinus, Humbertus de Bello Ioco, Gigo de Roffilione, Bofo decanus Viennenfis, Guillelmus archidiaconus Lugdunenfis, Geraldus Adimari de Montilio, & alii quam plures.

Signum domini Friderici Romanorum imperatoris invictissimi.

(L. M.)

— Ego Ruotbertus, Dei gratia Viennenfis archiepifcopus & regni totius Burgundiæ archicancellarius, recognovi. Acta funt anno Dominicæ Incarnationis M°. C°. LXX°. VIII°, indictione undecima, regnante domino Friderico Romanorum imperatore gloriofiffimo, anno regni ejus xx° vii°, imperii autem xx° v°, feliciter, amen. Datum apud Lugdunum, xiii° kalendas feptembris.

(1) Original aux arch. de l'évêché de Grenoble, parch. de 25 lig., avec trace de bulle. Voir notre *Notice fur le Cartul. d'Aimon de Chiffe*, n° 2, et Stumpf, n° 4265.

XV

DONATIO PRIORIS DE CONTAMINA DECANO DE SALANCHIA (.

1201.

ꝗ B Z A X A L S Я Ꝺ O N W T Ж I H Ꝺ Ⅎ Ǝ Ꝺ ꝑ A ꝯ

In nomine fancte & individue Trinitatis, amen. Notum fit omnibus hominibus tam prefentibus quam futuris, quoniam prior Unbertus de Contamina, natus de Toriz, donationem fecit in Wuilermum decanum de Salangia & in Aimonem filium ejus zelo caritatis ftudio pietatis, fcilicet omnes redditus ecclefiarum de Salangia & de ecclefia Domeffiaci & quecumque ad eas pertinent, excepto jure capellanie. Hoc donum fuit factum in clauftro Contamine, laudante faniori & meliori parte tocius fui capituli & nullo contradicente, et laudante N(antelmo) Gebennenfi epifcopo & laudante domino A(nrico) de Fuciniaco advocato predictarum ecclefiarum, pro C. folidis & decem illius monete que tunc temporis erat, & pro uno modio frumenti & pro uno avene fingulis annis reddendis, & pro cibo preparando euntibus ad utilitatem predicte domus ut clericis quamdiu alter illorum viveret. Et dominus A. promifit pactum & donationem hinc inde inrefragabiliter manu tenere. Teftes hujus pagine fuerunt: donnus Anricus, Berardus monacus, Quono Contamine facrifta, Rodulfus monacus, Amaldricus monacus de Iapleifiz, Giraudus monacus, Unbertus nepos prioris,

Giraudus capellanus de Contamina, Vuilermus villicus de Salangia. Donnus Anricus juſſit ſub ſuo edicto ut quicumque hanc ſcripturam deinceps attentare vel infringere voluerit, graviter corporaliter & civiliter puniatur. Hec carta fuit facta in ecclefia Beati Jacobi de Salangia, multis bonis viris videntibus, nullo contradicente, & eam dictavit follempiter donnus Rodulfus de Roferia ex precepto utraque parte, anno M. bis C. uno ab Incarnatione Domini, regnante F(rederico) imperatore ſemper auguſto feliciter.

(1) Original vélin de 12 lig. paſſé du cabinet de M. Letellier d'Irville dans celui de M. P.-É. Giraud. Au dos : « Donnation faite par le prieur Humbert de la Contamine à Guillaume doyen de Sallanche de tous les revenus des égliſes de Sallanche et de l'égliſe de Domeyſſieu & de tout ce qui leur appartient, excepté le droit de chappellenie. » Voir la table du *Régeſte genevois*.

XVI

FREDERICUS II ROMAN. REX DE PEDAGIO ECCLESIÆ VIENNENSIS[1].

24 Novembre (1214).

FRIDERICUS, Dei gracia Romanorum rex ſemper auguſtus & rex Sicilie, dilectis & fidelibus ſuis archiepiſcopo & capitulo Viennenſi, graciam ſuam & omne bonum. Quoniam nolumus ut fideles & devoti noſtri benefficiis ſibi a regia majeſtate collatis aliquorum verſucia vel aliquo caſu, in quantum providere poſſumus, defraudentur, vobis & ſucceſſoribus veſtris imperpetuum concedimus & auctoritate regali confirmamus, ut pedagium quod a ſerenitatis noſtre clemencia vobis apud Viennam indultum eſt, ſi forte mercatores vel tranſeuntes vel occaſione guerrarum vel timore vel aliquorum machinacione a ſtrata publica que per Viennam protenditur deviarent, vobis apud villam Sancti Clari vel alibi extra Viennam ubi vobis commodius videbitur recipere liceat, in ea forma in qua vobis eſt aurec bulle noſtre munimine confirmatum. Prohibemus autem ne aliqua ecclefiaſtica fecularifve perſona hanc conceſſionem noſtram inquietare vel perturbare audeat vel actemptet; ſi quis vero, quod abſit, auſu temerario vel aliquo modo contra venire preſumpſerit, banno imperiali ſubjaceat & centum libras auri puriſſimi pro pena componat, quarum medietatem camere noſtre, reliquam vobis perſolvat. Datum apud Baſileam, VIII kalendas decembris, indicione tercia.

(1) Arch. de l'Iſère, reg. *Proceſſus informationum pedagiorum que levantur* etc. A (B. 175), fᵒ IXxx liiij vᵒ. A la fin : Datum pro copia, collacione facta cum originalibus licteris per me notarium ſubſignat. P. CRISTINI ». — *Collect. rerum Viennen.*, t. II, nᵒ LXIII. — Cf. CHARVET, *Hiſt.* &c., p. 382.

XVII

FREDERICI II ROMAN. REGIS PROHIBITIO SUPER EXACTIONES[1].

23 Novembre (1214).

FREDERICUS, Dei gracia Romanorum rex femper auguftus & rex Cicilie, dilectis & fidelibus fuis comitibus, baronibus, nobilibus, caftellanis & omnibus in Viennenfi provincia conftitutis, graciam fuam & omne bonum. Auguftalem decet folerciam paci & tranquillitati fubdictorum modis omnibus providere & raptorum compefcere pravitatem. Quia ferenitati noftre innotuit quod quidam abfque regum vel imperatorum conceffione a tranfeuntibus pedagia extorquere prefumunt, quidam vero quibus indultum eft amplius quam fibi conceffum fit in contemptum regie majeftatis recipere non formidant, hujufmodi execrabiles exactiones & intollerabiles decetero fieri prohibemus; & qui(a) privilegium meretur amictere qui permiffa fibi abutitur poteftate, noveritis nos kariffimum noftrum Viennenfem archiepifcopum, facri palacii noftri archicancellarium , & fucceffores fuos ad hoc conftituiffe & ei in mandatis dediffe, ut auctoritate regia tantam prefumpcionem ftudeat cohibere & pro poffe fuo digna animadverfione punire. Datum apud Bafileam , viiii kalendas decembris, indicione tercia.

(1) Reg. de la ch. précéd., f° IXxx v; même atteftation à la fin. Sufcription dans CHORIER, *Hift. de Dauph.*, t. I, p. 836; cf. CHARVET, p. 382.

XVIII

ODONIS DUCIS BURGUNDIÆ CONFIRMATIO SUPER PEDAGIO[1].

Juin 1216.

O(DO), dux Burgundie, omnibus in Xpifto fidelibus, falutem. Ad noticiam omnium volumus pervenire quod nos venerabili amico noftro B(urnoni) Viennenfi archiepifcopo volumus & concedimus ut pedagium, quod dominus Fridericus fecundus, rex Romanorum femper auguftus, donavit & conceffit domino Hv(mberto) Viennenfi archiepifcopo, exhigat & percipiat ipfe & fucceffores fui in Viennenfi civitate vel alibi ubicumque voluerint, ficut in predicti regis inftrumento auctentico continetur. Si quis vero eum vel fucceffores ipfius fuper predicta pedagii exactione moleftare prefumpferit, nos prefato B(urnoni) bona fide promictimus quod eum & fucceffores ipfius fuper hoc bona fide juvabimus & deffendemus. Et nos, ad majorem rei firmitatem impofterum habendam, prefentem cartam figilli noftri munimine roboramus. Actum Vienne , Incarnati

Verbi anno millefimo ducentefimo decimo fexto, menfe junio, domino Friderico fecundo Romanorum rege femper augufto feliciter
regnante.

(1) Reg. de la ch. XVI, f° IXxx liij; même atteftation à la fin. Cff. J. a Bofco,
Flor. bibl., p. 93; Le Lièvre, Hift., p. 362; traduct. dans Charvet, p. 384.

XIX

INHIBITIO IMPERATORIA NE CUDATUR NOVA MONETA IN PROVINCIA
VIENNE NEC IMPONENTUR NOVA PEDAGIA[1].

Juin 1218.

FR(EDERICUS), Dei gratia Romanorum rex femper auguftus & rex
Sicilie, univerfis imperii fidelibus in provincia Vienne tam prefentibus quam futuris, gratiam fuam & omne bonum. Quia fub oc-
cafione novorum pedagiorum & nova inconfuete pecunie adinven-
tione, in provincia & diocefi Viennens. multe exactiones & dampna
quam plurima emergebant ; ideo ad hujufmodi dampni & enormi-
tatis confuetudinem abolendam, prefentis fcripti auctoritate mandamus firmiter ftatuentes, quatinus nullus fit in provincia vel diocefi fupradicta qui nova pedagia requirere debeat, nifi illi tantum
qui antiqua privilegia inde habent & in locis illis ubi dicta pedagia
requiri jufte confueverunt, & quod nullus audeat in eadem provincia novam pecuniam cudere, nifi in locis illis in quibus cudi fimiliter confuevit. Quicumque igitur contra hujus noftri fcripti actorita-
tem contraire prefumpferit, centum auri libras in fui temeritatem
conponat, que curie noftre perfolvantur. Datum apud Geilinhufen,
anno Dominice Incarnationis millefimo ducentefimo nonodecimo,
menfe junii, inditione fexta.

(1) Arch. de l'évêché de Gren., original de 12 lig. 1/2, avec trace de fceau fur
double queue, côté n° 3 A. Au dos : *Imperator prohibet quod nulla moneta cudatur
in provincia Viennenfi.*

XX

RECOGNITIO OMAGII FACTA IMPERATORI PER DOM. ARCHIEPISCOPUM
VIENNENSEM DE REGALIBUS QUE TENET ET DE CANCELARIA
IN REGNO ARELATENSI ET VIENNENSI[1].

Avril 1238.

FR(EDERICUS), Dei gratia Romanorum imperator femper auguftus,
Jerufalem & Sicilie rex. Juftis fidelium noftrorum petitionibus
condefcendere cogimur, quas nifi favorabiliter audiremus, obaudire
quod jufte petitur per injuriam videremur. Per prefens igitur fcriptum notum fieri volumus univerfis imperii fidelibus tam prefentibus quam futuris, quod dilectus princeps nofter Johannes venerabilis Viennenfis archiepifcopus, juxta morem & jus antiquum imperii

ad prefentiam noftre majeftatis accedens, oblato nobis & imperio
fidelitatis & hominii juramento, humiliter noftre celfitudini fupplicavit ut de regalibus que ab imperio & a nobis ecclefia fua tenet ,
prout in privilegiis divorum auguftorum predecefforum noftrorum
inclite recordationis indultis eidem ecclefie que nobis oftendit plenius continetur, & de cancellaria in regno Arelatenfi & Viennenfi
inveftire ipfum de noftra gratia dignaremur. Nos igitur ipfius fupplicationibus favorabiliter inclinati, recepto ab eo in prefentia noftra
prout eft juris & moris imperii juramento, tam fidelitatis & hominii
quam fuper fingulis articulis qui in juramento fidelitatis nobis exhi-
bite continentur, eundem de regalibus que ecclefia fua ab imperio
& a nobis tenere dinofcitur, prout in privilegiis ipfi ecclefie fue
conceffis a divis auguftis predecefforibus noftris memorie recolende
per eum nobis oftenfis vidimus contineri, per imperiale fceptrum,
& de cancellaria in regno Arelatenfi & Viennenfi per figillum imperiale inveftivimus de noftre gratia majeftatis : ita tamen quod
idem archiepifcopus ea omnia tantum a nobis & ab imperio teneat
& etiam recognofcat, & de dominio noftro & imperii aliquo tempore
ea fubtrahere aliquatenus non intendat , confueta quoque & debita
fervitia nobis & imperio fideliter & devote debeat exhibere ;
mandantes quatinus nullus fit qui dictum archiepifcopum &
ecclefiam fuam contra prefentem inveftituram noftram & formam
privilegii per nos fibi nuper indulti offendere, moleftare vel inquietare prefumat : quod qui prefumpferit , indignationem culminis
noftri fe noverit incurfurum. Ad cujus rei memoriam prefens
privilegium fieri & figillo noftro juffimus communiri. — Datum
Taurini, anno Dominice Incarnationis millefimo ducentefimo tricefimo octavo, menfe aprelis', undecime indictionis, imperante
domino noftro Fr. fecundo, Dei gratia invictiffimo Romanorum
imperatore femper augufto , Jerufalem & Sicilie rege, imperii ejus
anno octavodecimo, regni Jerufalem terciodecimo, regni vero
Sicilie quadragefimo, feliciter, amen.

(1) Arch. de l'évêché de Gren., original parch. de 18 lig. coté n° 9 A, &c.,
avec trace de fceau fur double queue. Ce diplôme eft différent de celui par
lequel Frédéric II confirma, probablement le même jour, les privilèges de l'églife
de Vienne & qui devait commencer par *Principalis excellentia* (J. A Bosco, *Flor.
bibl.*, p. 92; Le Lièvre, p. 365; Charvet, p. 389).

XXI

Privilegium Frederici II imperatoris concessum Petro episcopo
Gratianopolitano.

Avril 1238.

C[In nomine] sancte et individue Trinitatis, Fridericus secundus, divina favente clemencia Romanorum imperator semper

Augustus, Jerusalem et Sicilie rex. — Imperialis excellentia tunc precipue fui nominis titulos ampliat, tunc offitii fui debitum reddit cum fenore Deo vivo, cum Ejus intuitu per quem prééft principibus orbis terre, Dei ecclefias & ecclefiafticas perfonas pio favore tuetur & juftas earum favorabiliter petitiones exaudit. Ea propter notum fieri volumus univerfis imperii fidelibus tam prefentibus quam futuris, quod Petrus Gratianopolitanus epifcopus, dilectus princeps nofter, privilegium quoddam divi augufti imperatoris Fr(ederici), avi noftri felicis memorie, Johanni quondam Gratianopolitano epifcopo, predeceffori fuo, clementer indultum noftro culmini prefentavit, humiliter fupplicans & devote ut eundem epifcopum & Gratianopolitanam ecclefiam cum omnibus bonis fuis fub noftra & imperii protectione recipere, & predictum privilegium confirmare fibi de noftra gratia dignaremur; cujus tenor talis eft : « C. In nomine.... *(ut fupra, ch. XIV)... feptembris».* Nos igitur, qui Deum habemus pre oculis & perfonas ecclefiafticas & ecclefiaftica loca ipfius intuitu ac humanitate nobis fuggerente fovemus, attendentes fidem puram & devotionem finceram quam predictus Granopolitanus epifcopus ad majeftatem noftram & facrum imperium habet, ipfius quoque fupplicationibus inclinati eundem epifcopum nec non & Granopolitanam ecclefiam cum omnibus bonis fuis fub protectione ac defenfione culminis noftri recepimus fpetiali, fuprafcriptum privilegium divi augufti imperatoris Fr. avi noftri indultum antefato Johanni predeceffori fuo de imperialis preminentie gratia confirmantes. Statuimus ergo & imperiali fanctimus edicto ut nulla perfona, alta vel humilis, ecclefiaftica vel fecularis, fepefatum Granopolitanum epifcopum vel fucceffores fuos contra prefentis privilegii noftri tenorem aufu temerario offendere feu perturbare vel moleftare prefumat : quod qui prefumpferit, indignationem culminis noftri fe noverit incurfurum & centum libras auri puriffimi pro pena compofiturum, quarum medietas fifco noftro & reliqua medietas paffis injuriam applicetur. Ad hujus itaque protectionis & confirmationis noftre memoriam & robur perpetuo valiturum prefens privilegium fieri & bulla aurea tipario noftre majeftatis impreffa juffimus communiri. Hujus rei teftes funt : Johannes Viennenfis archiepifcopus, Aymarus Ebredunenfis archiepifcopus, R(obertus) Vapincenfis epifcopus, R(odobaldus) Papienfis epifcopus, J(acobus) Vercellenfis epifcopus, Hugutio Taurinenfis epifcopus, Pandulfus Pactenfis epifcopus, B(onifacius) marchio Montisferrati, Manfredus marchio Salutearum, Manfredus marchio Lanz., & alii quam plures.

Signum domini nostri Friderici secundi, Dei gratia invictissimi Romanorum *(L. M.)* imperatoris semper augusti, Jerusalem et Sicilie regis.

— Acta funt hec anno Dominice Incarnationis millefimo ducentefimo tricefimo octavo, menfe aprelis, undecime indictionis, imperante domino noftro FR. fecundo, Dei gratia invictiffimo Romanorum imperatore femper augufto, Jerufalem & Sicilie rege, imperii ejus anno octavodecimo, regni Jerufalem tertiodecimo, regni vero Sicilie quadragefimo, feliciter, amen.

Datum apud Taurinum, anno, menfe & indictione prefcriptis.

(1) Arch. de l'évêché de Gren., original parch. de 28 lig. 1/2, coté A III & n°40 A¹⁰⁰. Voir notre *Notice fur le Cartul. d'Aimon de Chiffé*, n° 3.

XXII

FREDERICUS II ROMAN. IMPERATOR PRO RAIMUNDO DE MEDULLIONE[1].

3 Novembre (1242).

FR(EDERICUS), Dei gracia Romanorum imperator femper auguftus, Jerhufalem & Scicilie rex, univerfis per regnum Aralatencem conftitutis fidelibus fuis, graciam fuam & bonam voluntatem. Notum facimus univerfitati veftre quod Raimundus de Medulione, fidelis nofter, culmini noftro humiliter fupplicavit ut penas & banna inpofita Moncalino adverfario fuo per Berardum de Laureto, tunc in partibus ipfis vices noftras gerentem, confirmare & rata habere in favorem fuum de noftra gracia dignaremur. Cujus fupplicacionibus inclinati, penas & banna ipfa jufte inpofita & contenta rata habemus & auctoritate noftri culminis confirmamus; unde ad futuram memoriam & cautelam fuam, prefentes licteras fieri & figillo mageftatis noftre juffimus communiri. Datum Baroli, tercio novembris, prime indictionis.

(1) Arch. de l'Ifère, reg. d'Inventaire des priviléges accordés aux Dauphins, 3ᵉ cah., n° VIII, fᵒ 128 vᵒ; à la fuite: « Et eft figillatum dict. privilegium in pendenti cera alba in filis de ferico croceo & rubeo, in medio cujus fculpta eft ymago imperatori coronata, in fede imperiali exiftens, tenens in manu dextra florem lilii & in manu finiftra unam maffam ad fimilitudinem poml habentis defuper unam crucem, & in traverfo dicti figilli legebantur hec lictere: REX..... JERHM, & in circumferenciis legebantur hec lictere: FREDERICVS DEI GRA IMPERATOR ROMANOR. SEMPER AVGVSTVS ».

XXIII

RODOLPHI ROMANORUM REGIS PROTECTIO PRO ARCHIEPISCOPO ET DALPHINO VIENNENSIBUS[1].

4 Juin (1278).

RUDOLPHUS, Dei gratia Romanorum rex femper auguftus, univerfis bayllivis & advocatis fuis Phiriburgi ceterifque pro fe prefidentibus ad quos littere prefentes pervenerint, gratiam fuam & omne bonum. Cum nos venerabilem archiepiscopum Viennensem & suam ecclesiam sub nostra & imperii speciali protectione susceperimus & tutela, nec non nobilem virum Humbertum dominum de Turre & Cologniaco, cui nos officium senescalcie regni Arelatensis, secundum modum expressum in litteris super hoc sibi concessis, hereditarie duximus conferendum, non minus volumus sub regie protectionis umbraculo respirare; vobis universis & singulis hoc regali edicto firmiter precipiendo mandamus, quatenus predictos archiepiscopum & dominum de Turre nec non quoscumque alios imperii Romani fideles, qui predictis duobus devote obediunt & intendunt, a quibuscumque & contra quoscumque manutenere & deffendere nullatenus obmittatis, quandocumque & quotienscumque super hoc fueritis requisiti, nec permittatis ipsis vel aliquibus eorum manifestam injuriam vel violentiam irrogari, quamdiu parati fuerint coram nobis vel nostris justiciariis exhibere justitie complementum, rebelles quoscumque & inobedientes nostris predictis justiciariis & bayllivis viriliter compescendo: & ut juridictiones & alia que in predictis habebunt fieri opportuno tempore exerceatis debite, cuilibet vertrum singulariter duximus injungendum, ut in executione mandati hujusmodi alter alterum non expectet. Datum Vienne, IIo nonas junii, indictione VI, regni nostri anno quinto.

(1) *Cartularium Delphinorum*, fo xxj (no 19 de notre *Notice*); ms. 5968 de Secousse, fo 38; *Chartularia*. (Bibl. Imp., ms. l. 5214), p. 213; *Chartes et Diplômes* (Bibl. Imp.), t. CCII, fo 66. — Cf. *Invent. des arch. des Dauphins en 1346*, no 17.

XXIV

CAROLI II REGIS SICILIÆ RESTITUTIO JURIDICTIONIS EPISCOPO VAPINCENSI (1).

24 Janvier 1289.

KAROLUS secundus, Dei gracia rex Jerusalem (&) Cicilie, ducatus Apulie & principatus Capue princeps, Achaye, Andegavie, Provincie & Forcalcherii comes, universis presentes litteras inspecturis, graciam suam & bonam voluntatem. Ad vestram noticiam volumus pervenire quod nos olim in Cathalonia existentes donavimus, cessimus & concessimus donatione perfecta & irrevocabili inter vivos, per nos & successores nostros, venerabili in Xpisto patri fratri Raymundo de Medullione, Dei gracia episcopo Vapincensi, & ipsius persone intuitu suis successoribus in ecclesia Vapincensi, omnia illa que homines Vapincenses olim patri nostro & nobis ac successoribus nostris ex pacto donaverunt ex causa compositionis cujusdam, prout in instrumento publico de dicta compositione confecto per manum Bertrandi Miraters plenius continetur: ea tamen conditione adjecta quod dictus episcopus omnia illa predicta nobis donata & sibi per nos cessa & concessa ac donata restituet hominibus Vapincensibus , habita ab eis satisfactione de injuriis & dampnis datis per eosdem ecclesie Vapincensi, tempore dom¹ Odonis predecessoris episcopi memorati, occasione rebellionis contra preffatum Othonem & Vapincensem ecclesiam perpetrate; in cujus rey testimonium presentes litteras eidem episcopo fieri fecimus sigillo nostro pendenti munitas. Datum Aquile, anno Domini mill'o ducentesimo ottuagesimo nono, die xxiiii⁰ mensis januarii, secunde indictionis, regnorum nostrorum anno quinto.

(1) Arch. de l'Isère, *Registrum instrument. privilegiorum Baroniarum*, f⁰ VIIIxx; à la fin : « Facta est collatio cum originali, ita est Tibaudus de Vimento. »

XXV

ALBERTI ROMAN, REGIS CONFIRMATIO PRIVILEGIORUM DALPHINATUS[1].

26 Juillet 1303.

Nos Albertus, Dei gracia Romanorum rex semper augustus, ad universorum noticiam volumus pervenire quod, consideratis virtuosis operibus quibus spectabilis vir Humbertus dalphinus Viennensis & Albonis comes dominusque de Turre , dilectus noster fidelis, adornatur ac fidei constancia incorrupte pensata qua idem erga nos & imperium multipliciter dinoscitur choruscare, omnia privilegia sibi & dalphinis Viennensibus & Albonis comitibus dominisque de Turre, predecessoribus suis ac eorum heredibus ab inclite recordacionis domino Rudulpho[2], Romanorum rege invictissimo, nostro genitore karissimo, & aliis imperatoribus & regibus Romanorum, nostris predecessoribus, concessa ratifficamus, approbamus & presentis scripti patrocinio confirmamus. In cujus nostre ratifficacionis, approbacionis & confirmacionis testimonium, hanc licteram exinde conscribi & majestatis nostre sigillo jussimus communiri. Datum in Nueremberg , anno Domini M⁰ CCC⁰ tercio, vii⁰ kalendas augusti, indicione prima , regni vero nostri anno sexto.

(1) Arch. de l'Isère, *Registrum privilegiorum*, f⁰ 130 v⁰, n⁰ xi; à la fin : « Predicta vero lictera sigillata erat in pendenti cera alba cum filis serici viridi & rubei condam mangno sigillo, in medio cujus erat effigies regia sedentis in catedra, tenentis in dextra manu florem lilii & in sinistra pomum cum quad. parva cruce desuper, & in circumferenciis ejus legebantur hee lictere : † ALBERTVS DEI GRA ROMANORVM REX SEMPER AVGVSTVS ». — Bibl. Imp., *Cartular. Delphin.*, f⁰ xviij v⁰, n⁰ xiv de notre *Notice*. — Cf. *Invent.* de 1346, n⁰ 18. — (2) B *Radolfo*.

XXVI

INFEUDACIO PRINCIPATUS AURAYCE (HUMBERTO DALPHINO)[1].
29 Mai 1305.

ALBERTUS, Dei gracia Romanorum rex semper augustus , nobili
viro Humberto dalphino , comiti Albonensi, dilecto suo fideli,
graciam suam & omne bonum. Castrum de Auraycæ, si ab eo qui
ipsum nunc possidet bono & justo modo conquerere poteris, tibi &
tuis heredibus dominium Dalphinatus habentibus, cum omnibus suis
pertinenciis & juribus, in feudum concedimus, feodali titulo a nobis
& imperio, sine nostro, imperii & alieni juris prejudicio, possidendum,
presencium testimonio licterarum nostre majestatis sigilli robore mu-
nitarum. Datum apud Scafusam, iiii° kalendas junii, indictione iii²,
anno Domini M° CCC^mo quinto , regni vero nostri anno septimo.

(1) Arch. de l'Isère, *Regiſtrum privilegiorum*, f° 132 v°, n° xiiii; à la fin deſcrip-
tion du ſceau comme ch. XXV. — *Cartul. Delphin.*, f° xii, n° xv de notre *Notice.*
— Cf. *Invent.* de 1346, n° 12. — (2) B *Arayka.*

XXVII

LITTERA MISSIVA PER DOM. DALPHINUM SERE^mo IMPERATORI AD OPUS
DOM[i] GIRARDI DE ROSSILLIONE, NEPOPIS IPSIUS DOM[i] DALPHINI[1].
30 Mars 1306.

SERENISSIMO principi domino suo predilecto, dom° Alberto Dei
gracia Romanorum regi semper augusto, Humbertus dalphinus
Viennensis & Albonis comes , devote fidelitatis obsequium & victo-
riam in rebelles. Magestati vestre regie in verbo veritatis assero &
attestor , quod karissimus nepos & fidelis meus , dom. Guigo de Ros-
sillione, dominus d'Anjo, Viennensis dyocesis, miles ex privilegio imperatorum habet & habuit & progenitores sui longissimis retroactis
temporibus habuerunt & perceperunt pacifice & quiete pedagium seu
vectigal a transeuntibus per fluvium Rodani & per terram, prout in
attestationibus testium per dictum dom. Guigonem ad eternam rei
memoriam productorum, quas secum defert dictus dom. Guigo,
plenius continetur, & hujusmodi pedagium seu vectigal feci levari
& percipi pro dicto dom. Guigone per triginta annos & per plures ,
& quamdiu idem dom. Guigo in adolescencia sua sub regimine meo
fuit; quare excellenciam vestre magestatis ex quadam speciali fiducia
rogo humiliter & devote, ut in expeditione negocii ejusdem dom.
Guigonis esse dignemini favorabilis, benignus michi vestro si placet
mandare dignemini vestram bene placitam voluntatem, cum certis-
sima fiducia obtinendi. Valeat excellencia vestra per tempora lon-
giora. Datum Cervie, die dominico ante Ramos Palmarum, anno

Domini mill'o tricentefimo fexto, cum appofitione figilli mei in teftimonium premifforum.

(1) Arch. du château de St-Vallier, original parch. de 17 lig., avec trace de
fceau fur lemnifque, coté *Ad caufam pedagiorum* XVII° xlv, *Pour le peage d'An-*
jou n° 108.

XXVIII

CONFIRMATIO IMPERATORIS HENRICI DE OMNIBUS PRIVILEGIIS DALPHINATUS[1].

30 Mai 1309.

HEINRICUS, Dei gracia Romanorum rex femper auguftus, univerfis Romani imperii fidelibus prefentes litteras infpecturis, graciam fuam & omne bonum. Dignum fore cenfemus ut quorum fides
& fincera devocio in Romani imperii obfequiis invenitur comprobata,
illos gracia & favore noftre maieftatis clemencia profequatur. Noverint igitur prefentis etatis homines & future quod, devotis fupplicacionibus nobilis viri Johannis delphini, comitis Viennenfis, fidelis noftri
dilecti graciofius inclinati, omnia privilegia, jura, gracias, libertates,
conceffiones & donaciones, prout a divis imperatoribus & Romanorum
regibus, predeceffforibus noftris, memorato comiti rite & provide
funt tradita & conceffe, eidem innovamus, approbamus & prefentis
fcripti patrocimio confirmamus. Nulli ergo omnino hominum liceat
hanc noftre innovationis, approbacionis & confirmacionis paginam
infringere vel ei in aliquo aufu temerario contraire: quod qui fecus
facere prefumpferit, gravem noftre indignacionis offenfam fe noverit
incurfurum. In cujus rei teftimonium prefentes litteras exinde confcribi & noftre majeftatis figillo juffimus communiri. Datum Conftan-
cie, III° kalendas junii, anno Domini mill'io tercent° nono, regni
vero noftri anno primo.

(1) Arch. de l'Ifère, original parch. de 11 lig. — *Regiftrum privilegiorum*, f°
134, n° xvi; à la fin: « Et eft dict. privilegium figillatum in pendenti in perga-
meno, in medio cujus figilli fculpta eft ymago imperatoris, habens coronam
in capite & in fede imperiali fedens, in manu dextra tenens florem lilii & in
finiftra maffam ad modum pomi crucem defuper habentis, & in circumferenciis legebantur hec licfere † HEINRICVS DEI GRA ROMANORVM REX SEM-
PER AVGVSTVS. — *Cartular. Delphin.*, f° xx v°, n° xviii de notre *Notice.* —
Cf. *Invent.* de 1346, n° 7.

XXIX

HENRICI ROMAN. REGIS CONCESSIO PEDAGII GUIDONI DALPHINI[1].

30 Août 1310.

HEINRICUS, Dei gracia Romanorum rex femper auguftus, univerfis facri Romani imperii fidelibus prefentes licteras infpecturis,

graciam fuam & omne bonum. Dignum & condecens arbitrantes ut
hii qui noftris & imperii ferventer invigilant obfequiis, amplioris
beneficencie pre ceteris premia mereantur; quia igitur nobilis vir
Guido Dalphini, dominus Montis Albani, fidelis nofter dilectus,
nobis cum xLa dextrariis per unum annum integrum ultra montes
in Ytaliam fervire promifit pro ftipendiis confuetis, nos hujufmodi
& alia que idem Guido nobis impendit obfequia & in antea impendere
poterit graciofius intuentes, fibi ut in caftro fuo de Nihoniis² vel in
caftro de Molanis five territoriis eorumdem caftrorum fex denarios
de homine, xii denarios de animali & iii folidos denariorum de
quadriga³ nomine pedagii five thelonei tollat & percipiat, de liberalitate regia concedimus & prefentibus indulgemus. In cujus rei teftimonium figillum noftrum prefentibus eft appenfum. Datum in
Heymbach, iiiᵒ kalendas feptembris, anno Domini Mᵒ CCCᵒ decimo,
regni vero noftri anno fecundo.

(1) Arch. de l'Ifère, *Regiftrum privilegiorum*, fᵒ 135, nᵒ xvii; à la fin: « Et eft
figillatum in pendenti cum duplici cauda pergaminea & cera alba quod. magno
figillo (comme ch. XXVIII) ». — *Cartul. Delphin.*, fᵒ xix vᵒ, nᵒ xvi de notre *Notice*. — VALBONNAIS, viiᵉ reg. ms., an. 1301 (Caiffe des Baronies). — Cf. *Invent.*
de 1346, nᵒ 11. — (2) A *Nionniis*. — (3) A *cadrica*.

XXX

(LITTERA HENRICI ROMANORUM REGIS) DE PEDAGIO ALBERIPPE¹.

1ᵉʳ Septembre 1310.

HENRICUS, D. g. *(ut ch. præced.)*,.. nob. vir Johannes, dalphinus Viennenfis, nobis cum centum armatis per fex menfes ultra
montes in Italiam fervire promifit propriis in expenfis, nos hujufmodi ac alia que idem Johannes nobis impendit obfequia & in antea impendere poterit gratiofius intuentes, fibi ut in caftro fuo de
Albariva pedagium, ficut in caftro fuo de Cervia confuevit recipere,
per aquam & per terram, tollat & percipiat, de liberalitate regia
concedimus & prefentibus indulgemus. In cujus rei teftimonium
prefentes litteras fcribi & noftre majeftatis figillo juffimus communiri. Datum in Spira, kalendas feptembris, anno Domini Mᵒ CCCᵐᵒ
decimo, regni vero noftri anno fecundo.

(1) Arch. de l'Ifère, reg. *Informationes fuper pedagiis & gabellis B* (B. 174), fᵒ
c (facta eft collacio); cf. B. 175, fᵒ 406. — Arch. du chât. de St-Vallier, impr.
en tête d'une pancarte des péages d'Auberrive enregiftrée le 28 fept. 1686. — VAL-
BONNAIS, Vᵉ reg. ms., nᵒ 70 (Caiffe du Viennois).

XXXI

HENRICI ROMAN. REGIS CONCESSIO PEDAGII HUGONI DALPHINI¹.

16 Février 1312.

HENRICUS, Dei gracia Romanorum rex femper auguftus, univerfis
prefentes litteras infpecturis, graciam fuam & omne bonum.

Romani principis dexteram non folum continua munerum largicione munificam, fed & alta beneficiorum collacione magnificam decet & expedit invenire, ut quemadmodum princeps alios cum honore cum opibus precefit in bonis, fic ipfos confuetudine regia quadam animofitate precipua tranfcendat in donis. Ea propter per prefens previllegium noverit tam prefens etas quam fucceffiva pofteritas quod nos, actendentes devocionis & fidei pure zelum quem nobilis vir Hugo Dalphini, dominus Fucigniaci, dillectus nofter, habet erga noftre mageftatis perfonam, confiderantes quoque grandia & accepta fervicia que idem Hugo nobis preftitiffe denofcitur & in futurum preftabit, volentes eidem ut tenemur ad merita refpondere, damus, tribuimus & concedimus eidem Hugoni, prefenti nomineque fuo & liberorum fuorum recipienti, donatione pura, mera & inrevocabili inter vivos, pedagium five pedagia & jura ipfa pedagia levandi a quibufcumque ducentibus, videl. in terra fua, apud Bonam, pontem Buringii, Flumetum, Bellumfortem, Bonam Villam, Sanctum Michaelem, apud Terraciam, Montem Bonodum, Montem Floritum, per terram & per aquam & quolibet locorum predictorum, de qualibet groffa beftia venali fex denarios, & de quolibet mutone & ove venali unum denar., & de qualibet beftia onerata pannis, ferro, vino, blado & onere de poys venalibus duodecim denar. Gebennenfes: ita tamen quod folventes in uno loco predictorum, in alio loco terre fue folvere iterato pro mercandia de qua jam folverunt nullathenus tenea(n)tur; mandantes & precipientes univerfis & fingulis dictas mercandias ducentibus, quatenus juxta formam premifforum eidem Hugoni aut ejus mandato abfque dillacione, excepcione qualibet & cautella fatisfaciant de predictis, injungentes etiam univerfis facri imperii baronibus nobilibufque aliis quibufcumque, quatenus dictum Hugonem ejufque fucceffores ut fupra hoc noftro previlegio prefenti juxta formam premifforum uti libere & quiete, abfque contradicione aliqua permittant. Si qui(s) vero hujus noftre facre pagine violator vel contradictor extiterit, indignacionem noftram fe noverit incurfurum. Datum Janue, cum apoficione figilli noftri, die xvita februarii, anno Xpifti M° tercenmo duodecimo, regni vero noftri anno quarto.

(1) Arch. de l'Ifère, reg. *Quartus liber copiarum Graifivodani* (B. 254), f° Cvij: «Nos officialis Gebennen. notum facimus... quod nos vidimus... quod. previllegium feu licteram fermi principis dom. Henrici D. g. Romanorum regis fanam..., figillo ipfius regis fano & integro.. figillatam, in medio cujus eft ymago mageftatis ipfius fedentis in kathedra & ceptrum in manu fua tenentis, & circumcirca.. ita fcriptum eft HENRICVS DEI GRACIA ROMANOR. REX SEMP. AVGVSTVS... Datum via ydus marcii anno a Nativit. Dom¹ fumpto M° CCC° XII°,.. ante domum dicte curie, indic. xa... »; en tête: *Copia vidimus pedagiorum certorum locorum Fucignacii & locorum Terracie, Bellifortis, Montis Flurili & Montis Bonodi, &c.*

XXXII

18 Décembre (1312).

Henricus, Dei gratia Romanorum imperator semper augustus, prudentibus viris officialibus, confilio & communi Viennæ, fidelibus fuis dilectis, gratiam fuam & omne bonum. Levantes in circuiti oculos noftros & videntes guerrarum turbines, diffentiones & fcandala quibus humani generis inimicus facrum imperium & fubditos fibi populos per varias mundi partes turbat & vexat, poft[2] diverfas noftræ diligentiæ curas, quæ pro ipforum procuranda quiete & optatæ pacis commodis promovendis, prout ad præcelfum Cæfareæ mageftatis officium pertinet, nos affidue interpellant, principes, marchiones, comites, barones, nobiles, civitates cæterofque fideles ac vaffallos noftros & imperii, quos ad hoc[3] feodis[4], privilegiis, libertatibus, conceffionibus & aliis gratiis fuis prædeceffores noftri divi auxerunt augufti, ut tanquam gratitudinis filii exaltationis imperii, ubi eorum ftatus, honor & tranquillitas procurantur, pro fua particulari follicitudine quam ab eis fidelitatis debitum requirit & exigit[5], fructuofi promotores & ejus fervitores exiftentes in his[6] noftræ imperatoriæ mageftatis primordiis, cujus folemnia in nobis funt nutu divino completa, effe deliberavimus convocandos, ut per eorum directionem, confilium & auxilium, tam fuper rebellium noftrorum de Italiæ partibus infolentiis propulfandis & imperii recuperandis juribus, quam fuper nonnullis aliis arduis tractandis & ordinandis negotiis ftatum imperii, Chriftianitatis & orbis tangentibus, ad quorum ordinationem præfentia ipforum requiritur, falubriter procedere valeamus; quocirca fidelitatem veftram rogamus, requirimus & una pro omnibus peremptoria monitione monemus vobis nihillominus per imperiales apices, fub pœna privationis pheodorum, privilegiorum, libertatum, conceffionum & gratiarum ac omnium aliorum quæ tenetis ab imperio, diftricte præcipiendo mandantes quatenus fidem quam ad mageftatem noftram, profperitatem imperii ftatumque Chriftianitatis & mundi pacificum geritis, hac vice per effectum oftendentes, decentem armatorum comitivam, ambaxiatores & findicos veftros idoneos & honeftos ad noftram præfentiam tranfmittatis, ita quod tertio calend. maii proxime venturi, quas vobis & aliis quos ad hoc vocari facimus pro termino peremptorio affignamus, noftro confpectui fe præfentent, nobis in præmiffis vice veftra debitum confilium & obfequium impenfuri. Has autem litteras ad cautelam in regiftris curiæ noftræ regiftrari fecimus, de quorum præfentatione exhibitori earum nuncio noftro jurato dabimus plenam fidem. Datum apud

Sanctum Cassianum, in castris supra Florentiam, decimo quinto
calend. januarii, regni nostri anno quarto, imperii vero primo.

(1) *Collectionis rerum Viennens.* tom. II, n° v, en vidimé du 10 mai 1313
délivré par « Michael Francisci, Valentin. & Dyensis canonicus, officialis curiæ
Viennæ ». Au n° iv se trouvent des lettres du même empereur adressées « provido
viro magistro Petro de Bona, medico ac familiari suo dilecto », avec préambule
identique jusqu'à « valeamus; habentes igitur de fide tua fiduciam specialem, te
in Burgondiam & Provinciam duximus transmittendum, facientes te procura-
torem & nuncium specialem nostrum, comitentes tibi pariter & mandantes,
quatenus ad dict. terras seu provincias accedas &... universos principes eccle-
siasticos & seculares, duces, marchiones, comites, barones, nobiles, civitates
& quoscq. alios fideles & vassallos nostros & imperii... moneas & cites .. quatenus... in prima die mensis maii venturi proxime... cum decenti armatorum
comitiva... se nostro conspectui repræsentent... concedentes tibi plenam potes-
tatem... Datum apud Montem Imperialem, in castris supra Florentiam, v°
calend. februarii, anno Dom' M°CCC° XIII°, indict. xia, regni nostri an. vii
imperii vero r° (28 janv. 1313) », — Cf. VALBONNAIS, t. II, p. 147-8.

(2) A *per tot.* — (3) B *hæc principatibus, regalibus.* — (4) A *pheodis.* — (5) B *ad
quam ipsos fidelitatis astringit debitum.* — (6) B *istis.*

XXXIII

HUMBERTI II DALPHINI EPISTOLA IMPERATORI DIRECTA1.

3 Mars 1344.

EXELLENTISSIME princeps & domine amantissime. In generalem Xpisti
fidelium noticiam jam est diu devenit quod dilecti fratres ordinis
Predicatorum, Redemptoris nostri speciales filii & precones, in partibus Alamanie & terris vobis subjectis de xvii. conventibus fuerunt
proscripti pariter & banniti, ex eo quod olim adhererunt & incon-
cusse adherent processibus sancte Romane ecclesie, servando con-
tinue interdictum positum per plures Romanos pontifices in partibus
antedictis, & ob hoc fratres ipsi dampna plurima & dampnosa dis-
pendia temporalia & spiritualia sunt pluribus annis in partibus eisdem
perpessi, cum ibi locus tutus eis pro refugio non remaneat, set tanquam profugos eos oporteat per diversas regiones dispergi. Quia igitur ad fratres predictos, qui sub extrema paupertate viventes per mi-
nisterium suum salutem animarum procurant, extendamus totis
visceribus nostre caritatis affectum, vestram magnificenciam ex corde
duximus presentibus deprecandam quatinus, pro divina & apostolice
sedis reverencia ac obtemptu precum nostrarum, fratres eosdem
habeatis in suis necessita[tib]us commendatos, ut scilicet libere &
absque difficultatis obstaculo per vos & vestros permittatis eos ad
omnes conventus unde banniti fuerunt redire, ut quiecius & liberius
Redemptori nostro valeant famulari : congruit enim quod principes
& reges fideles tales religiosos habeant familiares, quod ipsorum
curia ex familiaritate hujusmodi reddatur sincera, ut inde eis divine

gracie premium & favoris Romane eceleſie proveniat incrementum. Ad tollendum autem adverſa quelibet de terris veſtris, parati ſumus toto conamine laborare. Datum Avinione, iiiᵃ die menſis marcii.

Veſter Hymbertus, daiphinus Viennenſis.

(1) Guy ALLARD, *Documents mſſ.*, t. IV, fo 123, original parch. de 11 lig. 1/3, qui n'a pas dû être expédié par la chancellerie delphinale à cauſe de la ſurcharge du mot *quod* à la 9e lig.} peut-être auſſi Humbert II a-t-il héſité à faire parvenir à l'empereur Louis de Bavière ſemblable miſſive.

XXXIV

CŒLESTINI II PAPÆ PRIVILEGIUM PRO MONASTERIO DE STAFARDA[1].

29 Février 1144.

CŒLESTINUS epiſcopus, ſervus ſervorum Dei, dilectis filiis Carolo abbati monaſterii de Stafarda ejuſque fratribus tam præſentibus quam futuris regularem vitam profeſſis, in Chriſto (*leg.* perpetuum). Cum ſine veræ cultu religionis nec caritatis poteſt unitas ſubſiſtere nec Deo gratum exhibere ſervitium, expedit apoſtolicæ autoritati religioſas perſonas diligere & religioſa loca, maximeque beati Petri juris exiſtunt & ad Romanam ſpecialiter pertinent eccleſiam, ſedis apoſtolicæ munimine confovere. Hoc nimirum caritatis intuitu, dilecti in Deo filii, veſtris juſtis poſtulationibus clementer annuimus & præfatum monaſterium, quod ab illuſtri viro Mainfredo marchione & matre ſua nec non fratribus in Taurinenſi epiſcopatu conſtat eſſe fundatum, ſub beati Petri & noſtra protectione ſuſcipimus & præſentis ſcripti patrocinio communimus; imprimis ſiquidem ſtatuentes, ut ordo monaſticus ſecundum beati Benedicti regulam & formam relligionis fratrum Ciſtercienſis monaſterii futuris temporibus ibidem inviolabiliter conſervetur: bona igitur & poſſeſſiones quæ ad eumdem locum inpræſentiarum juſte & canonice pertinere noſcuntur aut in futurum conceſſione pontificum, largitione regum vel principum, oblatione fidelium ſeu aliis juſtis modis, præſtante Domino, poterit adipiſci firma vobis veſtriſque ſucceſſoribus illibata permaneant. Sancimus etiam ut nec marchiones nec aliquis eidem loco adjacentium regionum, occaſione pacis vel guerræ ſeu regalis fodri, monachos vel converſos in eodem loco commorantes in perſonis vel eorum ſubſtantiis opprimere, inquietare vel ab eis aliquid exigere aut violentiam aliquam inferre præſumant. Decimas ſane laborum quos propriis manibus aut ſumptibus colitis & de animalibus veſtris nullus a vobis expetere vel recipere audeat. Interdicimus autem ne monachos vel converſos veſtros, poſt factam in veſtro monaſterio profeſſionem, aliquis epiſcoporum, abbatum, priorum vel aliqua perſona abſque libera noſtra licentia recipere vel retinere pertemptet,

www.ingramcontent.com/pod-product-compliance
Lightning Source LLC
Chambersburg PA
CBHW070020110426
42741CB00034B/2268